Alertez Jack-Alain Léger !

Du même auteur*

Certaines œuvres sont connues sous différents titres.

Romans

La Faute à Souchon : (Le roman du show-biz et de la sagesse)
Quand les familles sans toit sont entrées dans les maisons fermées
Liberté j'ignorais tant de Toi (Libertés d'avant l'an 2000)
Viré, viré, viré, même viré du Rmi !
Ils ne sont pas intervenus (Peut-être un roman autobiographique)

Théâtre

Neuf femmes et la star
Les secrets de maître Pierre, notaire de campagne
Ça magouille aux assurances
Chanteur, écrivain : même cirque
Deux sœurs et un contrôle fiscal
Amour, sud et chansons
Pourquoi est-il venu :
Aventures d'écrivains régionaux
Avant les élections présidentielles
Scènes de campagne, scènes du Quercy
Blaise Pascal serait webmaster
Trois femmes et un Amour
J'avais 25 ans
« Révélations » sur « les apparitions d'Astaffort » Jacques Brel Francis Cabrel

Théâtre pour troupes d'enfants

La fille aux 200 doudous
Les filles en profitent
Révélations sur la disparition du père Noël
Le lion l'autruche et le renard,
Mertilou prépare l'été
Nous n'irons plus au restaurant

* extrait du catalogue, voir page 119

Stéphane Ternoise

Alertez Jack-Alain Léger !

Table page 129

Sortie papier : 10 novembre 2013

Jean-Luc Petit éditions – Collection précisions
Jean-Luc PETIT Editeur / livrepapier.com

Stéphane Ternoise versant écrivain :

http://www.ecrivain.pro

Tout simplement et logiquement !

Tous droits de traduction, de reproduction, d'utilisation, d'interprétation et d'adaptation réservés pour tous pays, pour toutes planètes, pour tous univers.

Site officiel : http://www.ecrivain.pro

© Jean-Luc PETIT - BP 17 - 46800 Montcuq – France

Présentation

Vous souvenez-vous de 1976 ?
La sécheresse !
Qu'elles étaient belles et bonnes les cerises !
J'avais huit ans.

J'ai découvert bien plus tard l'album "*Alertez les bébés !*" de Jacques Higelin, sorti justement cette année-là, avec le succulent, inoubliable et toujours actuel "*Aujourd'hui la crise !*" : « C'est dur aujourd'hui peut-être / Demain ça sera vachement mieux... »

Il m'arrive encore de le repasser. C'est beau, c'est bon, même pas de la nostalgie : de l'énergie, de l'autodérision.

Cette année-là, Jack-Alain Léger publia chez Laffont "*Monsignore.*" Un succès, la fortune et la gloire pour son auteur. Trois cent mille exemplaires, adaptation au cinéma, traductions en vingt-trois langues.

Depuis la découverte de "*Ma vie (titre provisoire)*" où il y raconte ses déboires et son combat contre le milieu de l'édition, livre rose publié en 1997 chez "*Salvy*", petite maison d'édition bien nommée peu distribuée, Jack-Alain Léger est devenu "un personnage" de mes essais et romans.

Après avoir connu Gallimard, Grasset, Laffont, Julliard, Mercure de France, Denoël, Stock,

Christian Bourgois, Flammarion... il publie désormais dans une jeune et petite maison sans grande visibilité...

Alertez Jack-Alain Léger ! À 65 ans, je pense qu'il loupe la révolution numérique ! Attention, les éditeurs vont vous subtiliser vos droits numériques ! Oui, vous êtes dans la première liste "*Relire*", publiée le 21 mars 2013. Même les droits numériques de "Monsignore" ! Nul doute qu'ils réussiront en faire du fric... et vous pourrez essayer de récupérer quelques miettes chez leur SOFIA... Vous avez six mois pour ne pas vous laisser "confisquer" vos droits... Comme bien d'autres... Mais vous, je tenais à vous écrire, à vous l'écrire...

Un livre qui parle à Jack-Alain Léger, qui vous parle de Jack-Alain Léger, de ma relation à sa démarche, et du monde impitoyable de l'édition française... Du grand piège dans lequel, avec l'aide des politiques complices et coupables (ils préfèrent encore « responsables mais non coupables »), les grands éditeurs font tomber les écrivains... et naturellement les modestes éditeurs n'y survivront pas...

Stéphane Ternoise
http://www.ecrivain.pro

Ecrivain qui doit quitter la France, ce pays où le travailleur indépendant auteur-éditeur (profession libérale) est méprisé.

Une présentation de Jack-Alain Léger

Jack-Alain Léger, connu depuis son entrée "fracassante" dans le monde des lettres en 1976, avec "*Monsignore*", chez Robert Laffont : trois cent mille exemplaires, adaptation au cinéma, traduction en vingt-trois langues, ne figure pourtant pas parmi nos stars de Saint-Germain-des-Prés. Ses livres suivants ne parvinrent jamais à renouveler le succès... et il semble l'avoir très mal vécu, tout en essayant de capter un peu de lumière, de revenus, en passant entre les mailles du filet...
"*Ma vie (titre provisoire)*", qu'il publia en juin 1997, n'est pas de l'auto-édition même si "Salvy éditeur" me le laissa croire ! Mais cette maison, dont le nom correspondait si bien à l'ouvrage, édite d'autres auteurs et semble avoir été créée par Gérard-Julien Salvy, un historien de l'art qui selon wikipedia 2012 serait connu pour « *sa biographie du Caravage, ainsi que pour sa traduction annotée de l'ouvrage de Roberto Longhi consacré à ce peintre.* »
"*Ma vie (titre provisoire)*" résume cette chute dans la considération du milieu littéraire. Néanmoins, ou ironie des publications, au même moment, il réussissait une nouvelle percée, sous le pseudonyme masqué de Paul Smaïl, avec un nouveau best-seller "*Vivre me tue*". Le « *témoignage d'un jeune beur* » publié chez Balland était donc fictif, ce qui choqua certains, quand l'identité de l'auteur

fut connue, en l'an 2000. Sûrement les critiques qu'il dépeignait dans son essai-vérité et qui ne l'aimaient pas... et se sont retrouvés à l'encenser pour son témoignage des difficultés d'insertion d'un jeune beur pourtant très diplômé ! J'imagine bien l'éditeur tentant de persuader les chers et honorables critiques de donner un coup de pouce à cette œuvre bouleversante, très gauche bien pensante...

"*Ma vie (titre provisoire)*" :
« *J'ai su alors ce que peut nourrir de haine à l'endroit d'un écrivain uniquement écrivain la pègre des gens de lettres dont Balzac a si exactement dépeint les mœurs dans* Illusions perdues, *mœurs qui n'ont pas changé, si ce n'est en pire : vénalité, futilité, servilité.*
J'avais perdu mes dernières illusions sur ce milieu dont les pratiques ressemblent tant à celles du Milieu : parasitages de la production, chantages à la protection, intimidations, etc. Publication de livres que l'éditeur juge médiocres ou invendables mais qu'il surpaie à des auteurs disposant d'un pouvoir quelconque dans les médias... (...) *Fabrication par des nègres et des plagiaires d'une fausse littérature qui, comme la mauvaise monnaie, chasse la bonne... Calomnies et passages à tabac pour les rares francs-tireurs.* « *Nous avons les moyens de vous faire taire définitivement !* » *me dit, sans rire, un critique, par ailleurs employé d'une maison d'édition et juré de plusieurs prix littéraires auquel j'ai eu le malheur de déplaire. Je*

n'étais d'aucune coterie, détestant ces douteuses solidarités fondées sur des affinités sexuelles, politiques ou alcooliques, voir une simple promiscuité au marbre d'un journal ou à la table ovale d'un comité de lecture ; j'étais puni. On me faisait payer cher de n'avoir jamais eu de « parrain ». »

« Hé bien ! La guerre continue, la guerre pour trouver ce minimum de paix nécessaire, un éditeur, un contrat, de quoi tenir encore quelques mois. J'en suis là. »

Signer un contrat, empocher un à-valoir, si modeste soit-il, écrire sur commande tout et n'importe quoi. Face aux auteurs en grandes difficultés quotidiennes, les éditeurs apparaissent comme des mastodontes financiers. Dix pages plus tôt, l'auteur notait « où se situe la ligne de partage entre le compromis acceptable et l'inadmissible compromission ? »

En mars 2013, j'entends sur *France-Inter* la rediffusion d'une émission de février 2012, où le célébrissime François Busnel recevait notre Jack-Alain Léger, alors 65 ans, une quarantaine de livres au compteur et « *dans une grande période de dépression.* »

Après avoir publié chez Christian Bourgois, Flammarion, Grasset, Laffont, Julliard, Gallimard, Mercure de France, Denoël, Stock, il sortait "Zanzaro circus" chez "L'Éditeur", maison née en janvier 2011 « à l'initiative d'Olivier Bardolle » avec « *un bon accueil, ça devrait suffire mais ça ne suffit pas... je ne retrouve pas l'élan qui me fait écrire.* » Un livre qui semble difficile à trouver en librairie, l'homme de "*la grande librairie*" semblant très modérément apprécier la conclusion de l'auteur renvoyant à Amazon... où les 200 pages sont vendues 15 euros 20 pour un prix public à 16 euros. Aucune version numérique. Selon le monsieur de "Le grand entretien" : « *itinéraire d'un écrivain qui n'a plus d'éditeur, l'histoire d'un rocker révolté underground qui n'a plus de label...* »

La "carrière" est revisitée : 1976 : « *une revanche extraordinaire car le livre avait été refusé chez Grasset* »
1997 : « *ça été formidable de voir tous ceux qui me crachaient dessus trouver ça génial, c'était une joie profonde.* »

« - Pourquoi avez-vous fait ce coup à la Gary - Ajar ?
- Je fais pas les choses en les pensant longtemps, c'est comme ça, ça arrive un matin, tiens je vais écrire ça... »

Grasset ? FB cite « *le 61 rue des Saint-Pères, c'est le Kremlin sous Staline, c'est le Vatican sous les Borgia* » modéré en réponse par « *ce sont des colères et quand on est en colère on ne contrôle plus ce que l'on dit.* » Occasion manquée d'enfoncer le couteau dans la carcasse Lagardère.

La musique, les albums... "*La Devanture des ivresses*" sous le nom de Melmoth en 1968. Un album consacré par le grand prix de l'académie Charles-Cros. Pourtant un échec. « Le métier l'a refusé, c'était un petit label qui était distribué par l'énorme multinationale qu'est CBS et CBS a demandé à écouter les paroles une fois que j'ai eu le prix. Ils ont été tellement horrifiés qu'ils l'ont fait retirer des bacs et qu'ils ont annulé le disque.
- Dans quel état étiez-vous ?
- Fou de rage (...) on était au lendemain de 68 et il y a eu une sorte de reprise en main idéologique très forte, y compris des médias... au lendemain de 68 il fallait que plus rien ne dépasse. »

Puis "*Obsolete*" sous le nom de Dashiell Hedayat en 1971, avec l'envoutant "*Chrysler.*" Album acheté sur PriceMinister.

Son "approche littéraire" avec des citations insérées sans guillemets : « *écrire c'est dialoguer avec tout le reste de la littérature* (Busnel intervient avec "expliquez ça à un avocat, il vous dira que ça s'appelle plagier) *Non dialoguer... J'écris parce qu'il y a eu des écrivains, j'écris pas parce que j'ai une peine de cœur ou que j'ai envie de changer le monde. J'écris parce qu'il y eut de la littérature. Malraux disait Cézanne ne peint pas des pommes parce que y a des pommes mais parce qu'il y a eut des peintres avant qui ont peint des pommes. C'est la même chose.*

J'écris parce que Balzac, parce que Stendhal, parce que Proust. »

À la question pas très utile ou mal formulée :
- Pourquoi avez-vous fait ce coup à la Gary - Ajar ?
L'écrivain répondait
- Je fais pas les choses en les pensant longtemps, c'est comme ça, ça arrive un matin, tiens je vais écrire ça...

En avril je le découvre dans la première base "*Relire*" des "*indisponibles*" dont les éditeurs vont pouvoir récupérer sans signature des auteurs les droits numériques qui appartiennent pourtant à ces auteurs qui doivent réagir sous six mois pour éviter l'engrenage... Grand cadeau des parlementaires. Je publie alors un court texte pour lequel je pourrais également répondre à monsieur Busnel « Je fais pas les choses en les pensant longtemps, c'est comme ça, ça arrive un matin, tiens je vais écrire ça... » : "*Alertez Jack-Alain Léger !*", en partant d'un parallèle entre le cri "*Alertez les bébés !*" de Jacques Higelin, son album de 1976 avec le succulent, inoubliable et toujours actuel "*Aujourd'hui la crise !*" et le "*Monsignore*" indisponible et sur lequel le fric à se faire semble correct, avec des miettes que l'auteur sera prié de réclamer à la Sofia, la bien nommée...

Indisponible : *Autoportrait au loup* (que François Busnel venait de lire)
Flammarion - 1982

Indisponible : *Les souliers rouges de la duchesse*
F. Bourin - 1992

Indisponible : *La gloire est le deuil éclatant du bonheur : quasi un romanzo*
Julliard - 1995

Indisponible : *Capriccio*
Julliard - 1995

Indisponible : *Selva oscura*
Julliard - 1995

Indisponible : *Le duo du II : théâtre*
Dumerchez - 1992

Indisponible : *Monsignore*
R. Laffont - 1976

Indisponible : *Monsignore II*
R. Laffont - 1981

Huit titres auxquels il convient d'ajouter "Jeux d'intérieur au bord de l'océan" publié sous le nom de Dashiell Hedayat chez C. Bourgois en 1979. Mais également "Prima Donna : roman" publié sous "Eve Saint-Roch" chez Stock en 1988. Wikipédia qui prétend tout savoir note « Édition intégralement pilonnée par l'éditeur. » Mais visiblement après dépôt légal !

Sur Amazon versant Boutique Kindle, uniquement deux réponses pour Jack-Alain Léger :

- *Mon premier amour* à 5,49 euros. Un livre disponible en Poche, 185 pages à 7,12 euros. Editeur : Grasset (1 janvier 1978) ;
- *Un ciel si fragile* (1 juin 1976), 7,99 euros. Disponible en Poche, Folio : 320 pages à 7,69 euros. Soit moins cher que la version numérique (après la réduction Amazon de 5% sur le prix public de 8,10 euros) ! Editeur : Gallimard (12 septembre 1989). Le format broché reste disponible à 9,69 (prix public 10,20), 333 pages de chez Grasset (1 juin 1976).

Cette présentation est issue (peu retouchée, simplement quelques suppressions, rapprochements inutiles dans ce contexte) d'un projet plus vaste non publié.

Les droits numériques des livres...

Quand ils ne sont pas spécifiés dans un contrat, les droits numériques des œuvres, même en contrat papier avec un éditeur, appartiennent à l'auteur, sans qu'il n'ait à effectuer la moindre démarche... Sauf depuis que les éditeurs ont eu l'idée de demander aux parlementaire de leur concocter une loi...

Désormais, dès qu'une œuvre publiée au vingtième siècle est fichée par « relire de la Bnf », l'auteur a six mois pour réagir, sinon il perd ses droits numériques ! Oui, pour conserver ce qui lui appartenait, l'auteur doit réagir sous six mois, s'astreindre à des formalités. Intolérable. Mais légal !

La loi 2012-287 fut votée sous la présidence de Nicolas Sarkozy, François Fillon Premier Ministre, Frédéric Mitterrand, ministre de la Culture.
Le décret 2013-182 fut signé le 27 février 2013 par Jean-Marc Ayrault, Premier ministre, et Aurélie Filippetti, ministre de la culture, présidence de François Hollande.

Il existe depuis le 21 mars 2013 "une première base" intitulée "Relire"
http://relire.bnf.fr
Avec 60 000 titres sur un total estimé à 500 000.
La constitution de cette première base aurait déjà coûté 124999 euros, versés à Electre...

Le gouffre financier (et le résultat de la numérisation pourrait susciter bien des controverses et indignations) sera sûrement pire que le modeste capital qu'a reconnu avoir passé discrètement en Suisse monsieur Cahuzac. Bagatelle ! L'important semble bien être que les éditeurs récupèrent des droits. Quant aux auteurs, ils risquent d'attendre longtemps avec d'obtenir quelques miettes...

Ces 60 000 œuvres dont l'éditeur abandonna l'exploitation en papier, suscitent de nombreuses questions. Certains s'interrogent sur la réalisation de cette première base. Y aurait-il eu des souhaits discrètement émis par des éditeurs ? Y aurait-il eu d'autres manœuvres ?

Jack-Alain Léger sur Relire

1) Autoportrait au loup / Jack-Alain Léger

Auteur : Jack-Alain Léger
Éditeur : Flammarion
Date d'édition : 1982

2) Les souliers rouges de la duchesse : roman / Jack-Alain Léger

Auteur : Jack-Alain Léger
Éditeur : F. Bourin
Date d'édition : 1992

3) La gloire est le deuil éclatant du bonheur : quasi un romanzo / Jack-Alain Léger

Auteur : Jack-Alain Léger
Éditeur : Julliard
Date d'édition : 1995

4) Capriccio : roman / Jack-Alain Léger

Auteur : Jack-Alain Léger
Éditeur : Julliard
Date d'édition : 1995

5) Selva oscura : roman / Jack-Alain Léger (Dashiell Hedayat)

Auteur : Jack-Alain Léger
Éditeur : Julliard
Date d'édition : 1995

6) Le duo du II : théâtre / Jack-Alain Léger

Auteur : Jack-Alain Léger
Éditeur : Dumerchez
Date d'édition : 1992

7) Monsignore : roman / Jack-Alain Léger

Auteur : Jack-Alain Léger
Éditeur : R. Laffont
Date d'édition : 1976

8) Monsignore II : roman / Jack-Alain Léger

Auteur : Jack-Alain Léger
Éditeur : R. Laffont
Date d'édition : 1981

9) Jeux d'intérieur au bord de l'océan / Dashiell Hedayat

Auteur : Dashiell Hedayat
Éditeur : C. Bourgois
Date d'édition : 1979

10) Prima Donna : roman / Eve Saint-Roch

Auteur : Eve Saint-Roch
Éditeur : Stock
Date d'édition : 1988

8 résultats Jack-Alain Léger

1 **Autoportrait au loup / Jack-Alain Léger**

Auteur : Jack-Alain Léger
Éditeur : Flammarion
Date d'édition : 1982

▶ Plus de détails et d'actions

2 **Les souliers rouges de la duchesse : roman / Jack-Alain Léger**

Auteur : Jack-Alain Léger
Éditeur : F. Bourin
Date d'édition : 1992

3 **La gloire est le deuil éclatant du bonheur : quasi un romanzo / Jack-Al Léger**

Auteur : Jack-Alain Léger
Éditeur : Julliard
Date d'édition : 1995

▶ Plus de c

4 **Capriccio : roman / Jack-Alain Léger**

Auteur : Jack-Alain Léger
Éditeur : Julliard
Date d'édition : 1995

▶ Plus de c

5 **Selva oscura : roman / Jack-Alain Léger (Dashiell Hedayat)**

Auteur : Jack-Alain Léger
Éditeur : Julliard
Date d'édition : 1995

▶ Plus de dé
d'a

6 **Le duo du II : théâtre / Jack-Alain Léger**

Auteur : Jack-Alain Léger
Éditeur : Dumerchez
Date d'édition : 1992

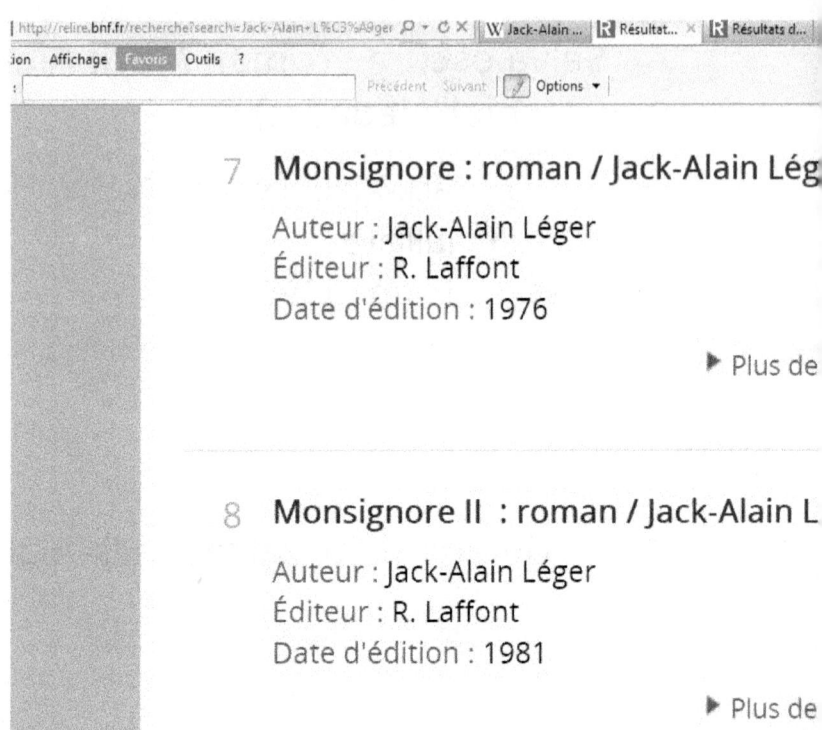

2 résultats Dashiell Hedayat

1. **Jeux d'intérieur au bord de l'océan / Dashiell Hedayat**

   Auteur : Dashiell Hedayat
   Éditeur : C. Bourgois
   Date d'édition : 1979

   ▶ Plus de détails d'actio

2. **Selva oscura : roman / Jack-Alain Léger (Dashiell Hedayat)**

   Auteur : Jack-Alain Léger
   Éditeur : Julliard
   Date d'édition : 1995

Résultats : Page 1 / 1
10 pa

1 résultat Eve Saint-Roch

1. **Prima Donna : roman / Eve Saint-Roch**

   Auteur : Eve Saint-Roch
   Éditeur : Stock
   Date d'édition : 1988

   ▶ Plus de détails d'action

Résultats : Page 1 / 1
10 pa

Tellement d'écrivains passent à côté du numérique...

C'est l'incertitude. Donc les éditeurs et leur puissance de papier parviennent à enchaîner les auteurs. C'est simple. « Qui vit du numérique ? » demandent les écrivains ? Et qui lancera mon prochain livre si je n'ai pas d'attachée de presse performante ? Tout se joue par relations, dans ce milieu, tu le sais bien... Je sais... Le changement, ce n'est pas maintenant, ce n'est pas une volonté d'Aurélie Filippetti...

Mais quand même ! Entre les 10% peut-être 12 que vont vous proposer les éditeurs et les 57% du modèle de l'auteur éditeur indépendant... Si vous pensiez avoir vraiment le choix, que choisiriez-vous ? Vous avez le choix ! Surtout au sujet des livres indisponibles où ces éditeurs vous ont humiliés en n'assumant plus leur disponibilité.

Devenir Conseil aux écrivains ?

Je devrais m'installer « Conseil en numérique aux écrivains » ? Puisque mes livres sont invisibles, pourquoi ne pas monnayer ma connaissance de ce milieu ? Faire du conseil ! Une autre profession libérale puisque la mienne est méprisée par les Malvy et Filippetti de ce pays ! Mais je m'obstine. Chaque livre est un billet de loterie... est également une manière de vous présenter mes romans. Oui, ce sont mes romans les textes essentiels. Je suis finalement devenu essayiste parce qu'il y avait un mur entre le lectorat et moi, chaque essai, c'est une pierre balancée dans ce mur. Il finira bien par laisser passer un peu de lumière !

La loi 2012-287 du 1er mars 2012

Les gentils naïfs de la gauche prétendue bien-pensante pensaient, juraient même, que l'Aurélie autoproclamée « écrivain » n'allaient quand même pas placer ses pas dans ceux de son prédécesseur... Mais elle fait mieux, ou pire suivant le côté dont on la regarde : elle rassure les écrivains pour mieux les rouler dans la farine de ses amis les grandes fortunes de France. Elle n'hésite même pas à se prévaloir de ses "origines communistes" peut mieux manipuler.

Il existe bien un document d'analyse du gouvernement notant : « *il s'agit tout à la fois de proposer une offre attractive aux lecteurs, de préserver des marges et d'assurer des conditions financières et juridiques en mesure de dissuader les auteurs de se passer de la médiation traditionnelle de leur éditeur.* » On peut considérer qu'il s'agit de la feuille de route du ministère. Peu importe le ministre. Ministre de la Culture : personnalités interchangeables de bureaux dévoués aux installés.

Et les écrivains se taisent ! Pourquoi ? Le plus souvent ils ignorent presque tout. Les éditeurs, paternalistes, les ont persuadés qu'ils tiennent encore le secteur, les clés de la réussite, apportent une visibilité inaccessible autrement, un label de qualité...

Une loi équitable, fruit d'un accord entre les différents intervenants du monde de l'édition, d'un consensus politique... Mais dans le dos des auteurs des 500 0000 à 700 000 livres concernés !

Numérisées avec le soutien de l'État, ces œuvres « indisponibles » du vingtième siècle seront utilisées par les éditeurs, et les auteurs pourront récupérer des miettes en adhérant à la Sofia, société de perception et de répartition des droits... Si un jour des miettes restent à redistribuer !

Le terme "miette" revient régulièrement : le plus approprié à la situation. Et je ne peux m'interdire de sourire en pensant à l'auteur qui pourrait être soutenue par le Centre Régional des Lettres si elle vivait dans la région présidée par le petit-fils de Louis Malvy, grâce à son contrat avec l'éditeur PAUVERT et sa publication le 15 septembre 2001 de "*Elle m'appelait... Miette.*" Loana Petrucciani (auteur). Sûrement un livre plus intéressant que ceux de Martin Malvy.

Naturellement, les auteurs concernés ont le droit de refuser... nous sommes en démocratie ! On ne confisque pas le travail intellectuel, chez nous ! Pour refuser il faut rapidement manifester son refus...

Pourquoi des écrivains ont accepté un système où l'auteur doit rapidement réaliser des démarches pour refuser d'être utilisé par la "chaîne de l'édition française", un système similaire à celui que souhaita instaurer Google, dénoncé, combattu, vilipendé, même en France par les éditeurs, les auteurs, les politiques, finalement stoppé par la justice américaine malgré un accord entre le géant de l'Internet et des représentants d'écrivains ?

Cette loi est la "suite logique" d'un accord du 1er février 2011, entre le ministère de la culture, le Syndicat national de l'édition (SNE), la Société des gens de lettres (SGDL), la Bibliothèque nationale de France (BnF) et le Commissariat général à l'investissement. Officiellement les écrivains étaient donc représentés, par la SGDL. Oui, des notables censés les défendre ont accepté cette approche inédite du droit d'auteur ! Une nouvelle société de gestion de flux financiers, c'est toujours une chance pour celles et ceux dont l'ambition passe par la présence dans des organismes officiels. Des auteurs ont-ils privilégié leurs intérêts d'alliés des éditeurs ?
Aucun représentant réel des œuvres concernées ne fut invité à la table des négociations. Il est bien plus simple de prétendre ces auteurs "non identifiés" !

Les marchands parviennent toujours à s'entendre avec une oligarchie d'auteurs quand il s'agit de profiter de l'œuvre d'écrivains silencieux, dispersés, "non identifiés."
Vous n'êtes pas organisés, vous serez mangés !

Lionel Tardy remarqua à l'Assemblée : « *ce texte, que l'on sent écrit par les éditeurs, pour les éditeurs.* »

Les droits numériques vous appartiennent, vous pouvez les utiliser... facilement... mais réaction rapide désormais indispensable ! Sinon ils vous seront magistralement subtilisés par l'application de cette loi 2012-287 du 1er mars 2012, qui a nécessité la modification du code de la propriété intellectuelle. Un vilain tour fait aux écrivains dans un consensus politique qui témoigne surtout du pouvoir exceptionnel exercé par le lobby des éditeurs dans un pays où l'exception culturelle semble surtout devoir profiter aux installés, où il n'est pas choquant qu'à peine 10% des revenus du travail d'un auteur lui revienne... même quand il existe un modèle économique où la redistribution atteint 57 à 67%...
Pourquoi ?

Quand Hachette Livre et Google ont signé un protocole d'accord pour la numérisation, par Google, d'œuvres indisponibles du catalogue Hachette, Vianney de la Boulaye, directeur juridique de Hachette Livre, fut interrogé par Amélie Blocman pour LÉGIPRESSE n° 278 - décembre 2010.
Il y déclare : « *la gestion collective obligatoire est un recours imparable, mais elle ne sera pas mise en place avant 2012-2013...* »

Deux pages d'interview : « *en préambule, les deux parties* [Google et Hachette livre] *prennent acte des divergences ayant existé, pour les dépasser afin de donner un cadre légal à leur coopération. Elles soulignent l'importance de la protection du droit d'auteur. (...) Le droit d'auteur est de plus en plus considéré comme un obstacle à la diffusion de contenus culturels... Il fallait donc faire quelque chose. Cet accord fait respecter le droit français et il importe de souligner que l'éditeur reprend le contrôle de ses droits.* »
Admirons « *l'éditeur reprend le contrôle de ses droits* » quand il s'agit d'œuvres pour lesquelles les droits appartiennent à l'auteur !

Amélie Blocman pose alors la question cruciale :
- *La numérisation et la commercialisation des ouvrages ne pourront concerner que ceux dont Hachette détient les droits numériques. Êtes-vous à ce jour titulaire de ces droits ?*
Réponse de Vianney de la Boulaye :
- *Le contrôle des droits par Hachette de ses auteurs est primordial. Bien sûr se pose la question de la titularité des droits numériques par Hachette, qui est une condition pour pouvoir rentrer dans le cadre du protocole d'accord. Hachette va devoir revenir vers certains auteurs ponctuellement et réfléchit actuellement à comment "régulariser" au mieux. De même, dans certains contrats antérieurs à la loi de 1957, il n'y a pas de cession de droit. La gestion collective*

obligatoire est un recours imparable, mais elle ne sera pas mise en place avant 2012-2013... Cependant, la gestion collective volontaire des droits d'auteur peut être envisageable, c'est d'ailleurs une hypothèse étudiée.

Il s'agit, selon moi, modeste observateur, de la raison essentielle : faire entrer les écrivains dans une gestion collective, qui sera rapidement généralisée... naturellement pour défendre les écrivains contre les vilains Amazon, Apple, Google...

La diffusion en ebook offrira une nouvelle vie à l'œuvre, pour le plus grand bénéfice de l'auteur, de son public, et de l'humanité en général ! Lectrices et lecteurs ont manifesté leur désir de lire en numérique ces œuvres tellement importantes que leur éditeur a décidé de cesser d'en approvisionner les librairies ? Les écrivains ont appelé l'état à l'aide ?

Où est la cohérence quand, également en mars 2012, l'état publie une analyse :

« L'offre commerciale de titres numériques va pouvoir être étendue grâce à la loi du 1er mars 2012, qui permettra de commercialiser en version numérisée les ouvrages épuisés du XXe siècle qui ne sont plus vendus en version imprimée et ne sont pas encore tombés dans le domaine public. Environ 500 000 titres sont concernés : publiés avant 2000, ils sont aujourd'hui introuvables en librairie et ne sont plus réimprimés par leur éditeur (...)

Néanmoins un tel marché, pour être abondant en volume, n'offre pas de perspectives commerciales considérables : rares sont les lecteurs à plébisciter les livres épuisés (le chiffre de 2 à 10 exemplaires vendus par titre a été donné à la table ronde sur ce sujet le 6 mars 2012 au salon Dem@in le livre).

Les acteurs de la chaîne du livre à l'ère du numérique - Les auteurs et les éditeurs, Notes d'analyse 270 - Mars 2012 »

Les acteurs de la chaîne du livre à l'ère du numérique - Les auteurs et les éditeurs, Notes d'analyse 270 - Mars 2012
http://www.strategie.gouv.fr/system/files/2012-03-19-livrenumerique-auteurs-editeurs-na270_0.pdf

L'état va donc consacrer « *50 millions d'euros* » (chiffre de Bruno Racine, président de la Bibliothèque nationale de France) pour numériser 500 000 titres. Soit 100 euros du titre. Très cher. Surtout après avoir lu "*La politique du livre face au défi du numérique*", le rapport d'information de M. Yann Gaillard, en février 2010 « *selon le ministère de la culture et de la communication, le coût moyen de numérisation d'un livre dans le marché de masse de la BnF est de l'ordre de 50 euros.* » Ce doublement du coût moyen en quelques mois mériterait au moins des éclaircissements.

Combien d'euros chaque titre rapportera-t-il

en droits d'auteur ? 5 ? 10 par an ? Si la société de gestion doit d'abord rembourser le grand emprunt avec les droits collectés avant de débuter toute autre mission, elle consacrera sûrement une dizaine d'années à éponger cette dette... Mais naturellement, durant ce temps-là, la filière du livre pourra goinfrer 90% du prix des ebooks...

La Sofia, Société Française des Intérêts des Auteurs de l'écrit, déjà une société civile de perception et de répartition de droits, déjà administrée à parité par les auteurs et les éditeurs, perçoit et répartit déjà le droit de prêt en bibliothèque et la part du livre de la rémunération pour copie privée numérique. Elle fut sans surprise « choisie » par le Ministère (je la notais déjà favorite début 2012).

« *Tous les éditeurs cessionnaires de droits d'exploitation d'œuvres peuvent adhérer à Sofia sur justification de l'existence de contrats d'édition.* »

Réponse de *la Sofia* : « *Je vous confirme que les livres autoédités n'entrent dans le cadre du droit de prêt. Ils ne sont pas déclarés par les bibliothèques et donc pas rémunérés. Le contrat d'édition est indispensable.* »

Oui, une structure dans laquelle il faut accepter le système des éditeurs traditionnels pour percevoir des droits... Une prison !

Une réécriture officielle !

« *Un intense travail associant les éditeurs, les auteurs, l'administration et le Parlement a ensuite été conduit pendant le premier semestre 2011 pour construire une solution qui garantisse les droits des auteurs et éditeurs. La solution retenue est celle d'une gestion collective paritaire par une société de perception et de répartition des droits (SPRD), qui fait l'objet de la présente proposition de loi.* »
Hervé Gaymard, député, rapport aux parlementaires du 18 janvier 2012.

La solution était retenue bien avant l'*intense travail* du *premier semestre 2011* !
Rappel : Vianney de la Boulaye, directeur juridique de Hachette Livre, en décembre 2010 affirmait « *la gestion collective obligatoire est un recours imparable, mais elle ne sera pas mise en place avant 2012-2013...* »

La SGDL ne pouvant être considérée comme représentative des auteurs concernés, aucun auteur n'a participé à cette mascarade de travail du premier semestre 2011.
Quant à *"la solution retenue"*, la solution qu'ont réussi à imposer les éditeurs, elle ne garantit nullement « *les droits des auteurs et éditeurs.* »
Quand les auteurs possèdent 100% des droits numériques d'une œuvre et que, sans

contrepartie des éditeurs, l'auteur perd 50% des droits d'auteur et d'autres droits sur cette œuvre, il ne s'agit plus d'une garantie, M. Gaymard.

Il s'agit bien d'un passage de "100% des droits numériques" à "50% des droits d'auteur." L'auteur se retrouve dépossédé du droit de proposer quand et où il veut son œuvre, à un prix qu'il décidera, qu'il modifiera s'il le souhaite.
Certes, il peut récupérer ce droit. Et c'est l'objet de ce livre : une information qu'il aurait été du devoir des parlementaires d'assurer.
On peut aussi affirmer qu'il aurait été du devoir de la SGDL de claquer la porte de telles "négociations" pour immédiatement informer les auteurs...
M. Jean-Claude Bologne aurait alors grandement déplu à ses interlocuteurs mais il aurait gagné en crédibilité. Tandis que là...
Des auteurs membres de la SGDL demanderont rapidement sa démission ? Quand ils auront compris les conséquences de cet accord ?

Pourquoi des livres ne sont plus disponibles en papier ?

Car les éditeurs ont préféré les détruire, les envoyer au pilon, plutôt que de respecter le contrat les obligeant à les maintenir disponibles. Ou n'ont pas réimprimé après leur épuisement... parce qu'ils ne croyaient pas à la rentabilité d'un nouveau tirage.

Mais pour qu'un auteur récupère ses droits de publier en papier, il doit faire constater ce manquement au contrat, en suivant la procédure décrite à l'article L.132-17 du Code de la Propriété Intellectuelle.
Tout auteur, ou tout ayants droit, est libre de mettre fin à cette indisponibilité, soit en exigeant de l'éditeur avec lequel l'auteur a signé, qu'il remplisse son contrat en rendant de nouveau le livre disponible, soit en récupérant les droits d'édition si l'éditeur le refuse.
Le Code de la Propriété Intellectuelle, en encadrant le contrat d'édition, a prévu qu'un éditeur, malgré un contrat le liant à l'auteur, pourrait un jour ne plus en assurer sa diffusion.

La première étape, si l'on avait souhaité rendre des vieux livres disponibles, aurait été d'analyser pourquoi, alors que tant d'auteurs peuvent récupérer les droits d'édition papier, ils ne l'ont pas encore fait ?
Réponse fréquente : il faut prouver qu'il n'est

plus disponible... et si l'éditeur est de mauvaise foi, il peut ne pas automatiquement accepter l'évidence... et l'éditeur n'appréciera pas forcément une telle démarche alors que je souhaite lui présenter mon prochain roman...

Quitte à changer le code de la propriété intellectuelle, le souci des écrivains, des lectrices et lecteurs, aurait permis un retour sur le marché rapide de nombreuses œuvres en stipulant, par exemple, qu'un livre pour lequel l'éditeur n'a pas versé de droits d'auteur durant un an, est considéré comme épuisé, avec la conséquence de la rupture du contrat d'édition, sans formalité.

Pourquoi ces 500 000 œuvres... alors qu'il en existe bien plus d'indisponibles ?

Car les ebooks de ces œuvres ne peuvent pas être proposés légalement gratuitement... sauf si l'auteur le décide.

La Bnf n'a pas terminé de numériser les millions d'œuvres libres de droits... avec plus d'argent, elle numériserait plus. Il n'est pas certains que les « livres indisponibles » du vingtième siècle soient de meilleure qualité que les livres indisponibles des siècles précédents... C'est peut-être même le contraire ! Combien de navets ont édité nos vaillants éditeurs au vingtième siècle, uniquement par amitié ou pour la notoriété de l'auteur (ou du prétendu auteur) ? Comment des éditeurs qui ont envoyé au pilon des centaines de millions de bouquins peuvent aujourd'hui souhaiter les rééditer en numérique ! Pourquoi ? Car il y a du fric à faire, surtout si l'édition ne présente aucun risque financier...

Une manière de remplacer les œuvres du domaine public sur lesquelles les éditeurs réalisaient un confortable chiffre d'affaire et désormais disponibles gratuitement et légalement en numérique.

« Parmi les œuvres indisponibles du XXe siècle, deux cas de figure se présentent. Dans le premier, qui vaut pour 75 % à 80 % d'entre elles, les auteurs ou leurs ayants droit sont connus, ainsi que les éditeurs dont certains

disposent ou non des droits selon qu'ils exploitent ou non l'œuvre. Dans le second, « zone grise » ou œuvres orphelines, les ouvrages relèvent encore du droit d'auteur sans que l'on puisse identifier les ayants droit. Comme il doit tout de même être possible d'exploiter cette catégorie d'œuvres, les sommes impossibles à répartir seront affectées par la SPRD à une ligne budgétaire spécifiquement destinée au développement de la lecture publique. »
Hervé Gaymard, député, rapport aux parlementaires du 18 janvier 2012.
Offrir du chiffre d'affaire à la chaîne du livre...

Le contrat d'édition (papier)

Le contrat d'édition est encadré par l'article L 132-1 du Code de la Propriété Intellectuelle : « *Le contrat d'édition est le contrat par lequel l'auteur d'une œuvre de l'esprit ou ses ayants droit cèdent à des conditions déterminées à une personne appelée éditeur le droit de fabriquer ou de faire fabriquer en nombre des exemplaires de l'œuvre, à charge pour elle d'en assurer la publication ou la diffusion.* »

L'article L.132-12 stipule que « *l'éditeur est tenu d'assurer à l'œuvre une exploitation permanente et suivie et une diffusion commerciale, conformément aux usages de la profession.* »

L'interprétation de ces « usages de la profession » est difficile à cerner pour un écrivain : il résulte de la jurisprudence et un auteur hésite toujours à saisir un tribunal pour faire respecter ses droits, surtout contre un éditeur... par lequel il peut espérer encore être publié...

L'article L.132-17 précise que « *le contrat d'édition prend fin, indépendamment des cas prévus par le droit commun ou par les articles précédents, lorsque l'éditeur procède à la destruction totale des exemplaires.*
La résiliation a lieu de plein droit lorsque, sur mise en demeure de l'auteur lui impartissant un délai convenable, l'éditeur n'a pas procédé

à la publication de l'œuvre ou, en cas d'épuisement, à sa réédition. L'édition est considérée comme épuisée si deux demandes de livraisons d'exemplaires adressées à l'éditeur ne sont pas satisfaites dans les trois mois. »

Les livres indisponibles auxquels les parlementaires se sont souciés d'octroyer une vie numérique (sans la moindre demande des auteurs) sont donc des livres pour lesquels le contrat d'édition papier ne tient plus qu'à un fil : le constat d'une absence de livraison de deux livres sous trois mois. Constat nécessaire et suffisant. Peut-être même qu'un certificat de mise au pilon existe et que l'auteur ne sait pas qu'il lui redonne ses droits d'édition !

Si les parlementaires avait souhaité aider les écrivains, ils auraient simplifié, automatisé, ce constat de rupture du contrat par l'éditeur... alors qu'il aide l'éditeur à capter en plus les droits numériques.

Un chapitre est consacré au pilon. Si vos livres ont fini au pilon... vous pouvez vous servir de l'attestation de mise à pilon (qu'a dû vous remettre l'éditeur pour ne pas payer de droits d'auteur sur les livres fabriqués) pour récupérer vos droits d'édition papier. Cet article L. 132-17 dispose bien que « le contrat d'édition prend fin, indépendamment des cas prévus par le droit commun, lorsque l'éditeur procède à la destruction totale des exemplaires. »

Le contrat d'édition, le plus souvent, spécifie que l'éditeur doit informer l'auteur avant tout pilonnage.

Hervé Gaymard, dans son rapport aux parlementaires du 18 janvier 2012, aborde le sujet et note la nécessité d'un constat d'huissier : « *Quand il s'agit d'édition sur papier – qui ne fait pas l'objet de ce texte – « l'indisponibilité » est définie par l'absence d'exploitation régulière, définie au fil des ans par la jurisprudence : est considéré comme épuisé un livre neuf que plusieurs libraires ne parviennent pas, pendant plusieurs semaines, à fournir, et cela justifie qu'un auteur, considérant que l'éditeur exploite mal son œuvre et ayant fait constater la chose par huissier, puisse demander à reprendre ses droits.* »
Procédure qui, à l'évidence, rebutera de nombreux auteurs...

La fausse excuse : contrer le projet Google Books

Hervé Gaymard, dans son rapport aux parlementaires, le 18 janvier 2012, justifie la loi par « *les initiatives d'opérateurs marchands, notamment Google dont la politique a consisté à numériser indifféremment les œuvres sous droits et libres de droits, rendent urgente la nécessité de légiférer. Le risque de voir un privé s'emparer d'un patrimoine public légitime l'intervention publique.* »
Yann Gaillard, dans son rapport pour le Sénat "*la politique du livre face au défi du numérique*", du 25 février 2010, notait pourtant « *Les libertés prises par Google avec les droits d'auteur doivent être relativisées. En effet, contrairement à ce qui est souvent affirmé, Google Livres ne permet pas d'accéder au texte des ouvrages sous droits non couverts par un accord avec l'éditeur, mais seulement d'effectuer des recherches de mots, trois courtes citations s'affichant alors. Ainsi, bien que Google Livres ait numérisé sans aucun accord une quinzaine de ses ouvrages, le rapporteur ne considère pas avoir été lésé.* »

Et tout le monde sait que le projet Google Livres a été stoppé, que les ayants droit, en majorité, refusaient le mécanisme d'*opt out*, une exigence incompatible avec la Convention de Berne et les principes de la propriété intellectuelle. Notre ministre de la culture, Frédéric Mitterrand, avait même fermement condamné ce projet. Monsieur Gaymard n'hésite pas à oublier, quand il s'agit de justifier ce projet, qu'il note dans le même rapport que M. Marcel Rogemont a déclaré : « *La justice américaine a condamné le règlement de Google Books concernant l'opt-out, c'est-à-dire la faculté donnée à un ayant droit de s'opposer à la numérisation d'office de ses œuvres, lui substituant le mécanisme de l'opt-in, qui implique l'accord explicite des titulaires de droits à la numérisation. Cela n'est pas sans rapport avec l'examen du texte dont nous débattons, lequel est plutôt axé sur le droit d'opposition.* »

Contre le projet Google Books souhaitant numériser les livres indisponibles, nos grands éditeurs français s'étaient levés, qui plus est aussi au nom des auteurs : vous vous rendez compte, si nous acceptions, l'auteur devrait demander le retrait de ses œuvres numérisées... sinon, c'est qu'il accepterait. Inacceptable ! Jamais l'on n'a vu cela, de contraindre un auteur ou son éditeur à une démarche pour conserver, protéger, ses droits. C'est pourtant ce que les parlementaires français ont voté... Le profit du système de l'édition française vous semble plus louable que celui de google ? Entre Lagardère et Google, faut-il choisir par qui nous serons mangés ?

En France, Google, pour utilisation non autorisée d'œuvres, a même été condamné par le Tribunal de Grande Instance de Paris le 18 décembre 2009, suite à la demande des *Editions du Seuil*.

Les éditeurs français ne remercieront sûrement jamais google de leur avoir prémâché le travail ! Il en est peut-être même pour pavoiser « *nous sommes bien plus rusés que le géant de l'Internet : là où google fut retoqué, la loi française s'est couchée.*»

Notions opt-in et opt-out

Elles sont arrivées en France avec le projet Google Books et entrées dans le langage courant du microcosme de l'édition. Donc il convient de les définir clairement.

L'opt-in : tout organisme souhaitant numériser une œuvre doit en demander l'autorisation au titulaire des droits numériques. C'est le respect du droit de propriété des écrivains.

L'opt-out : l'auteur (ou son ayant droit) a la possibilité de s'opposer à la numérisation de ses œuvres... en respectant une procédure très précise mise en place par l'organisme qui décide de numériser. Grave problème déontologique : qui informera l'auteur ? Il doit s'informer ! Nul auteur n'est censé ignorer la loi et si la loi considère qu'un auteur n'est plus totalement propriétaire de son œuvre, il doit effectuer les formalités nécessaires. La justice américaine a refusé l'application de ce principe à google... alors qu'un organisme "représentatif" d'auteurs avait signé un accord... Parfois, il est prétendu que l'organisation représentante des écrivains a signé l'accord avec google car elle n'avait plus les moyens de payer les frais de justice. Il faudra, en France, un jour, savoir pourquoi le représentant des écrivains, le patron de la SGDL, a accepté ce mécanisme de l'opt-out.

Je vous invite, si vous le croisez, à revenir continuellement sur le sujet. De même, les membres de la SGDL qui n'ont pas peur se faire mal voir, pourraient le questionner en interne...

Le contrat d'édition en 2013

Quand un "éditeur classique" (ne pas confondre avec le compte d'auteur) accepte de publier une œuvre, l'acquisition simultanée des droits numériques avec les droits en papier, dans un même contrat, s'est généralisée. Parfois LE contrat est divisé en deux contrats mais signé en même temps.

Pour les auteurs ayant déjà publié dans cette maison d'édition, il n'est pas surprenant que l'éditeur glisse en même temps un avenant aux précédents contrats. L'auteur qui ne lit pas tout, tellement heureux d'avoir été accepté, peut donc accorder des conditions très avantageuses à son éditeur pour l'édition numérique... Par exemple avec le même taux. Peu d'auteurs ont les moyens de refuser la cession des droits numériques quand ils signent un contrat d'édition.

Le Bief, Bureau international de l'édition française, notait, dans son étude "Achats et ventes de droits de livres numériques : panorama de pratiques internationales" publiée en mars 2011 : « *La politique du tout ou rien que pratiquent plusieurs maisons anglo-saxonnes, consistant à refuser d'acquérir les droits papier si les droits numériques ne sont pas inclus, semble être efficace par son caractère dissuasif.* » Ce qui ressemblait fort à un conseil aux éditeurs français !

Le même document analysait : « *Les cas de*

refus [de céder les droits numériques] *connus sont des exceptions.*

En examinant la question de plus près, il apparaît que le refus de céder les droits est plus souvent le fait des agents que des auteurs. À l'instar du cas très médiatisé de l'agence Wylie, refusant un temps de céder les droits numériques de plusieurs de ses auteurs pour les titres du fonds, afin de commercialiser directement ces œuvres via le distributeur Amazon, d'autres agents renommés préfèrent conserver les droits, au moins temporairement, tels Carmen Balcells en Espagne (pour les auteurs de langue espagnole), ou Roberto Santachiara en Italie. Dans le cas de ce dernier, son refus est motivé non pas par un projet d'exploitation directe, contrairement à Wylie ou Balcells, mais par le niveau de rémunération couramment proposé à l'international – 25 % de la somme nette reçue – qu'il juge insuffisant. »

Pourtant : « *Quelques auteurs conservent leurs droits à des fins d'autoédition...*

*Les éditeurs rencontrés ailleurs (Londres, Munich, São Paulo, Tokyo, New York) rapportent également des refus épisodiques. Plusieurs raisons peuvent expliquer le choix de conserver les droits. Bien souvent, les auteurs souhaitent simplement attendre de voir comment évolue le marché et les rémunérations. L'***autoédition*** attire certains d'entre eux et, en raison de la tentation que celle-ci représente, tout éditeur est désormais*

en droit de craindre le départ d'auteurs phares, dont la production assurait jusque-là une part importante des revenus de la maison. » Constat pourtant suivi d'une entrée détaillant **"l'autoédition est pour l'instant un phénomène marginal, voire inexistant."**
Mais les éditeurs français étaient prévenus : **« L'autoédition attire certains d'entre eux et, en raison de la tentation que celle-ci représente, tout éditeur est désormais en droit de craindre le départ d'auteurs phares, dont la production assurait jusque-là une part importante des revenus de la maison.** »

Rémunération des droits numériques
Application fréquente du taux de 25 % de la somme nette reçue
Concernant la rémunération des auteurs, on observe fréquemment, à l'international, l'application d'un taux de 25 %, assis sur la somme nette reçue par l'éditeur (net receipts). Néanmoins, les usages diffèrent parfois dans les contrats nationaux, et plusieurs exceptions sont à signaler. Initiée aux États-Unis, la pratique des 25 % s'est d'abord répandue dans les pays anglo-saxons (Amérique du Nord, Royaume-Uni), pour gagner ensuite les pays d'Europe continentale. C'est désormais une pratique largement acceptée dans les pays latins (Espagne, Italie), mais aussi en Suisse et dans les pays scandinaves.

Bief, "Achats et ventes de droits de livres numériques : panorama de pratiques internationales" mars 2011

Alors que le taux moyen des droits d'auteur d'un livre papier se situe autour de 10%, les éditeurs semblent communiquer sur un taux de 25 %... des sommes reçues par l'éditeur. Choquant : l'éditeur gagne directement quatre fois plus que l'auteur. Et indirectement... il peut empocher nettement plus. Que reste-t-il sur un ebook vendu 10 euros ? Tout dépend du circuit de distribution ! Les principaux sites de vente (Amazon, Fnac, Itunes, Kobo) travaillent à 30%, la TVA oscille entre 3% (pour les entreprises dont le siège est au Luxembourg) et 5,5 ou 7% pour celles en France. Mais de l'éditeur au vendeur, un distributeur s'impose. Rares sont les éditeurs à travailler en direct. Quel est sa marge ? Immateriel, edistributeur de mes ebooks, travaille à 10%. Mais quelle marge chez les edistributeurs créés par des éditeurs, dont la mission "secrète" pourrait se révéler, à l'usage, de faire remonter des liquidités aux actionnaires dans le dos des auteurs ?
Avec une marge edistributeur à 10%, 57% du montant généré sur Amazon revient à l'éditeur. L'auteur recevra alors moins de 15% du prix TTC de son ebook. On comprend qu'il soit insatisfait d'un prix de l'ebook divisé par trois ou même deux par rapport au papier et qu'il soutienne son éditeur souhaitant un tarif élevé... quand il a adopté ce raisonnement.

Mais imaginons une marge edistributeur à 30%, il ne reste plus que 37% du montant généré sur Amazon et l'auteur, avec un quart de cette somme, n'atteint même pas 10% du prix de vente en droits d'auteur ! Quant aux actionnaires de l'éditeur, s'ils récupèrent les 30% via une filiale d'edistribution, ils empochent six fois plus que l'auteur. Ils pourraient même toucher encore plus s'ils parvenaient à créer un "portail des éditeurs" pour, naturellement, concurrencer l'hydre Amazon ! Naturellement des libraires, naturellement indépendants, pourraient prendre quelques pour cent du capital pour ainsi justifier l'annonce "portail des éditeurs et libraires" sur lequel toute bonne lectrice, tout bon lecteur, serait prié d'acheter.
M. David Assouline, au Sénat, le 29 mars 2011, analysait : « *Avec le livre numérique, l'éditeur touchera sept fois plus que l'auteur !* »

L'utilisation, plutôt qu'un taux sur le prix de vente, « *d'un taux de 25 %, assis sur la somme nette reçue par l'éditeur* », ouvre la porte à ce genre d'entourloupe...

Le rôle du distributeur vous est inconnu ?
« *Alors que dans les autres pays comparables l'éditeur et le distributeur sont deux acteurs bien distincts, les principales maisons d'édition françaises ont développé leur propre circuit de distribution, à l'exemple de la Sodis appartenant à Gallimard ou de Volumen dans*

le cas du groupe La Martinière. *En contrôlant le processus de distribution, les éditeurs français se sont donnés les moyens de dégager des marges plus importantes qu'avec leur seule activité éditoriale. L'intégration de la distribution reste aujourd'hui encore l'une des principales sources de la bonne santé économique des éditeurs français (...)*
Avec la transmission directe d'un texte depuis une plate-forme de téléchargement vers une tablette ou une liseuse, l'impression et la distribution du livre ne sont plus nécessaires. Or c'est cette dernière étape de la chaîne du livre qui est aujourd'hui la source majeure de rémunération pour l'éditeur. »
Note d'analyse officielle gouvernementale, mars 2012
http://www.strategie.gouv.fr/system/files/2012-03-19-livrenumerique-auteurs-editeurs-na270_0.pdf

Avec le livre papier, les éditeurs gagnaient des deux côtés, édition et distribution. Avec le numérique, ils souhaitent reproduire le même système...

Même si "*systèmes de protection utilisés*" ne concerne pas directement le contrat d'édition, le regard du Bief dans le même dossier de mars 2011, se justifie... pour bien montrer qu'avec un éditeur l'auteur perd, en plus de la quasi totalité du chiffre d'affaire généré, la liberté d'éléments essentiels pour un ebook, dont l'ajout ou nom de ce DRM :

"Toutes les maisons rencontrées recourent désormais aux systèmes DRM pour protéger leurs fichiers (dispositifs de gestion des droits numériques, ou Digital Rights Management). Dans quelques cas marginaux, signalés en Espagne et au Brésil, certains auteurs choisissent de ne pas protéger leur œuvre par DRM ou par d'autres systèmes. Les DRM sont habituellement installés par les distributeurs. Le coût de l'encodage est variable, mais souvent n'est pas connu avec exactitude par les éditeurs, car compris dans le service fourni par la plateforme distributrice. Lorsqu'il est connu, les chiffres communiqués varient entre 0,15€ et 0,20€ par copie.
La technique du watermarking (tatouage numérique) est considérée comme plus simple à mettre en œuvre, mais moins efficace et moins fiable. Cette protection est utilisée occasionnellement en interne par les éditeurs pour faire circuler les manuscrits au stade de l'édition afin de prévenir les risques de fuite, en particulier lorsqu'il s'agit de bestsellers potentiels. Quelques maisons s'en servent également pour communiquer aux journalistes et aux agents les bonnes feuilles au format PDF. D'autres maisons enfin utilisent le watermarking pour protéger des livres numériques dont les droits sont tombés dans le domaine public."

L'auteur perd aussi la liberté de modifier le prix de vente de son œuvre, paramètre essentiel dans la vie d'un ebook.

L'insertion d'une clause de révision des conditions de rémunération se pratique désormais mais quand on constate qu'il semble normal qu'un éditeur gagne quatre fois plus qu'un auteur, on se demande sur quel critère cette renégociation pourrait s'engager...

Juridique : les droits numériques sont considérés comme des droits premiers et constituent donc une extension du contrat d'édition.

Les contrats d'édition sans clause numérique

L'éditeur du livre en papier possède-t-il les droits numériques contractuellement ? Non quand ils ne sont pas clairement stipulés au contrat. Un avenant est donc nécessaire si l'auteur et l'éditeur sont d'accord. Sinon l'auteur est propriétaire de ces droits, sans formalité.

Certains inventent une incertitude mais l'article L. 131-3 est sans ambiguïté : « *La transmission des droits de l'auteur est subordonnée à la condition que chacun des droits cédés fasse l'objet d'une mention distincte dans l'acte de cession et que le domaine d'exploitation des droits cédés soit délimité quant à son étendue et à sa destination, quant au lieu et quant à la durée.* »

Dans *le Monde* du 21 janvier 2011, Antoine Gallimard, précisait « *Les éditeurs intègrent au contrat d'édition une clause ou lui adjoignent un avenant portant sur les droits numériques. La grande majorité des auteurs confient ainsi les droits numériques de leur livre à leur éditeur. Plusieurs dizaines de milliers d'avenants ont été conclus, sans compter les contrats d'édition pour les nouveautés qui incluent depuis longtemps déjà des clauses sur les droits numériques.* »

Pour les auteurs "importants", aux ventes importantes, le vide contractuel semble donc être passé par la négociation... qui peut avoir été rapide, genre « je publie votre nouveau livre à condition que vous signiez un avenant pour vos précédents ouvrages. » Plus diplomatique : « avant d'aborder votre nouveau contrat pour ce roman auquel je crois énormément, sur lequel nous allons mettre le paquet en communication, sûrement obtenir un prix, une petite formalité au sujet de ce numérique qui peut vous permettre d'obtenir quelques revenus supplémentaires sur vos premiers livres que nous avons eu le plaisir d'éditer. »

Dans cet article du *Monde*, Antoine Gallimard apportait des éclaircissements sur le taux utilisé :
« *Que proposent les éditeurs à leurs auteurs pour l'exploitation numérique de leurs livres ? Malgré le contexte d'incertitude du marché et les investissements qu'ils font, les éditeurs proposent à leurs auteurs des taux de rémunération au moins égaux à ceux du livre imprimé, en retenant de plus en plus fréquemment le "haut de la fourchette" de ces taux et en l'asseyant sur le prix public (et non sur leur chiffre d'affaires net).* »

Pour justifier ce taux :
« *Avant de parler de juste répartition, encore faut-il pouvoir mesurer la réalité financière de ce marché.*

Pour honorer son engagement contractuel de diffuser et faire connaître les œuvres sous forme numérique sur tous les réseaux, l'éditeur doit investir en recherche et développement dans ce nouveau métier.

Contrairement à l'idée reçue, l'édition numérique fait apparaître de nouveaux coûts pour l'instant non maîtrisés.

Il ne s'agit plus seulement de fournir des fichiers numérisés des œuvres, mais d'assurer leur protection et leur diffusion au travers de plateformes complexes et variant selon les environnements technologiques.

C'est un nouveau circuit qu'il s'agit de maîtriser, tout en tenant compte de l'ensemble des canaux de distribution, en particulier celui de la librairie.

Quant à l'absence de stocks physiques, toujours mise en avant, elle ne signifie pas la disparition des frais de fabrication (préparation, composition, correction...), de diffusion, de promotion ou de distribution. »

C'est sûrement un peu à monsieur Gallimard que répondait M. David Assouline, au Sénat, le 29 mars 2011 : « *Quand je vois les éditeurs s'insurger contre une petite phrase sur « la rémunération juste et équitable des auteurs », je me dis que les masques tombent. (...) Avec le numérique, nombre de coûts vont être atténués, du papier à l'imprimerie et au stockage, on pourrait donc se préoccuper enfin des auteurs. Et on nous dit « Oh non, surtout pas » ! (...) À l'heure actuelle, 55 %*

de coût du livre représente la distribution, 15 % l'impression, 20 % l'éditeur et 10 % l'auteur. Avec le livre numérique, l'éditeur touchera sept fois plus que l'auteur ! (...) Les éditeurs japonais, àméricains, canadiens m'ont dit la même chose : le numérique réduit de 40 % les coûts d'édition. »

Il faut rappeler la réponse de Vianney de la Boulaye en décembre 2010 : « *Le contrôle des droits par Hachette de ses auteurs est primordial. Bien sûr se pose la question de la titularité des droits numériques par Hachette, qui est une condition pour pouvoir rentrer dans le cadre du protocole d'accord. Hachette va devoir revenir vers certains auteurs ponctuellement et réfléchit actuellement à comment "régulariser" au mieux. De même, dans certains contrats antérieurs à la loi de 1957, il n'y a pas de cession de droit. La gestion collective obligatoire est un recours imparable, mais elle ne sera pas mise en place avant 2012-2013...* »

La "*gestion collective obligatoire*" est bien une arme des éditeurs contre les écrivains réticents à signer un avenant.
Est-ce que la loi du 1er mars 2012 inaugure une vaste ambition vers "la gestion collective obligatoire" ?

Précision : des contrats contiennent une "clause d'avenir", qui englobe la cession des droits d'exploitation sous une forme non

prévue à la date du contrat. Ces clauses sont légales, réglementées par l'article L. 131-6. ("*La clause d'une cession qui tend à conférer le droit d'exploiter l'œuvre sous une forme non prévisible ou non prévue à la date du contrat doit être expresse et stipuler une participation corrélative aux profits d'exploitation.*")
L'article L132-5, alinéa 2, modifié par la loi du 26 mai 2011, stipule "*le contrat d'édition garantit aux auteurs, lors de la commercialisation ou de la diffusion d'un livre numérique, que la rémunération résultant de l'exploitation de ce livre est juste et équitable. L'éditeur rend compte à l'auteur du calcul de cette rémunération de façon explicite et transparente.*"
Mais "juste et équitable" se définit difficilement juridiquement...

Notion d'œuvre « indisponible »

Pourquoi avoir introduit dans la loi le concept d'œuvre indisponible, quand l'article L.132-17 prévoyait déjà celle d'édition épuisée ?

L'indisponibilité du livre semble pourtant exposée dans l'article L. 132-12, quand il impose à l'éditeur « *d'assurer à l'œuvre une exploitation permanente et suivie et une diffusion commerciale, conformément aux usages de la profession* ». L'alinéa 2 de l'article L. 132-17 prévoit même que « *la résiliation a lieu de plein droit* » quand l'éditeur n'assume plus ses devoirs envers l'œuvre retenue.

Un nouveau concept : simplement pour qu'on ne puisse pas utiliser la liste des œuvres indisponibles pour réclamer à l'éditeur ce qu'il doit à l'auteur en cas d'édition épuisée, c'est-à-dire le retour à l'auteur des droits de l'édition papier. L'éditeur sait que cette formalité rebute l'auteur... qui a toujours cette crainte de se faire mal voir par un éditeur, un homme aussi puissant, aux multiples pouvoirs, aux innombrables relations...

**Un accord gauche droite sur le sujet...
pour une loi rapidement adoptée...**

Non, il ne s'agissait pas pour le gouvernement de passer un texte avant son (possible... probable) remplacement par une équipe socialiste : il n'y eut pas d'opposition, ni au Parlement ni au Sénat.

Le 21 octobre 2011, M. Jacques Legendre a déposée une proposition de loi relative à l'exploitation numérique des livres indisponibles du XXe siècle.
Le 8 décembre 2011, le Gouvernement a engagé la procédure accélérée sur cette proposition de loi.

Mme Bariza Khiari fut nommée rapporteur des travaux le 2 novembre 2011. Son rapport fut déposé le 30 novembre 2011.
La discussion en séance publique s'est tenue le vendredi 9 décembre 2011 au Sénat, et la proposition de loi relative à l'exploitation numérique des livres indisponibles du XXe siècle, y fut adoptée en première lecture.

Le texte est alors arrivé à l'Assemblée nationale le 12 décembre 2011... il fut renvoyé à la commission des affaires culturelles et de l'éducation.
Le 14 décembre 2011, la commission des affaires culturelles a nommé M. Hervé Gaymard rapporteur.
Examen du texte au cours de la réunion du 18

janvier 2012, suivi d'une discussion en séance publique le lendemain, où la proposition de loi fut modifiée en 1ère lecture.

Convocation d'une commission mixte paritaire, présidée par Mme Marie-Christine Blandin (qui fut présidente écologiste de la Région Nord-Pas-de-Calais). Avec M. Hervé Gaymard et Mme Bariza Khiari comme rapporteurs.
Leur rapport fut déposé le 2 février 2012 à l'Assemblée nationale et au Sénat.
Discussion en séance publique au Sénat le 13 février 2012 et à l'Assemblée nationale le 22 février 2012.
Ainsi la proposition de loi relative à l'exploitation numérique des livres indisponibles du XXe siècle, fut adoptée par l'Assemblée nationale le 22 février 2012, dans les conditions prévues à l'article 45, alinéa 3, de la Constitution.

Et c'est donc sous François Hollande que le décret d'application fut signé, par le Premier Ministre et la Ministre de la Culture.

Aberration, sophisme...

Le modèle économique d'Amazon, redistribuant jusqu'à 70% des revenus hors taxe d'une œuvre à son créateur, est combattu par les éditeurs qui redistribuent environ 10% des revenus hors taxe d'une œuvre. Et ceci, au nom des écrivains ! Ecrivains, libraires, éditeurs, lectrices, lecteurs tous unis contre Amazon !
Qu'éditeurs et libraires défendent leur pain, le combat se comprend. Mais que les écrivains tombent dans le panneau est grotesque. Quant aux lectrices et lecteurs, je pense qu'ils sont plus attachés aux écrivains qu'aux éditeurs. Qui plus est, ils seront largement bénéficiaires de la transformation du monde de l'édition si le modèle Amazon-Ecrivains indépendants s'impose : les prix des œuvres sont ainsi appelés à être divisés par trois ou quatre.
Avant de parler de livre en papier ou numérique, il s'agit d'œuvres, plus ou moins bonnes. Et les auteurs qui ont suivi les éditeurs au vingtième siècle savaient que leur *bébé* aurait deux mois pour se faire connaître, trouver un véritable public, avec ensuite déclinaison en livre de poche, ou qu'il finirait dans l'oubli, avec passage probable au pilon des invendus. Pendant ce temps-là, des auteurs débroussaillaient une autre voie, l'indépendance...
Quant aux politiques, ils démontrent une

nouvelle fois, avec leurs lois pour les éditeurs, qu'ils vivent et pensent du côté des installés. Ils peuvent écrire dans un programme électoral "développer l'économie numérique" (même madame Sylvia Pinel l'écrit), en réalité ils soutiennent éditeurs, libraires... contre les écrivains indépendants, contre le nouveau modèle économique du numérique, où enfin le créateur pourrait vivre dignement de ses œuvres.
Le changement de président fut précédé par des soutiens du candidat François Hollande aux installés du monde du livre et depuis longtemps les élus de gauche, dans les régions et départements, ont choisi leur camp. Est-ce que l'information peut lutter contre des idées reçues ?... Essayons, malgré tout ! Mais organisons-nous pour le cas très probable où la politique du gouvernement Ayrault ressemblerait à celle du gouvernement Fillon.

Sous les acclamations du SNE et de la SGDL, la LOI n° 2012-287 du 1er mars 2012 relative à l'exploitation numérique des livres indisponibles du XXe siècle

Dès le 23 février 2012, après l'adoption du texte dans la nuit au Parlement, un communiqué de presse de triomphe, signé de la Société des Gens de Lettres et du Syndicat national de l'édition. Tout est pour le mieux dans le meilleur des mondes quand le représentant des éditeurs et celui des écrivains se félicitent d'une loi ? (sauf, naturellement, que la SGDL a perdu le peu de crédibilité qu'il lui restait dans la prétendue défense des écrivains) :

La Société des gens de Lettres et le Syndicat national de l'édition se réjouissent de l'adoption par le Parlement de la loi relative à l'exploitation numérique des livres indisponibles du XXe siècle.

Cet important projet, initié par le Ministère de la Culture en 2010, avait fait l'objet d'un accord-cadre signé le 1er février 2011 par le Ministère de la Culture, le Commissariat général à l'investissement, la Bibliothèque nationale de France, le SNE et la SGDL.

L'objectif de ce projet est de permettre au public d'accéder aux œuvres du patrimoine littéraire du XXe siècle qui, bien que sous droits, ne sont plus commercialement disponibles aujourd'hui. Environ 500 000 ouvrages, présents au catalogue du dépôt légal de la BnF, seraient ainsi concernés par cette numérisation qui vise à l'exhaustivité. Celle-ci permettra en outre de rendre disponibles les œuvres dites orphelines, pour lesquelles les titulaires de droit n'ont pu être retrouvées.

La loi prévoit également la mise en place d'une société de gestion collective paritaire auteurs/éditeurs pour assurer la perception et la répartition équitable des droits d'auteur lors de la commercialisation de ces ouvrages. Ce projet constitue donc pour les ayants droit une réelle opportunité de deuxième diffusion et de rémunération de ces œuvres.

La SGDL et le SNE ont été associés à toutes les étapes du développement de ce projet et se félicitent aujourd'hui de sa réalisation. Ce système innovant permettra, dans le respect des droits des auteurs et des éditeurs, l'accès à plusieurs centaines de milliers d'ouvrages actuellement indisponibles pour le lecteur.

Y'a parfois des œufs pourris qui devraient se perdre ! Vous préférez des coups de pieds au cul ?

Analyse du texte article par article

« Article 1 »

« Le titre III du livre Ier de la première partie du code de la propriété intellectuelle est complété par un chapitre IV ainsi rédigé : »

« Chapitre IV »

« Dispositions particulières relatives à l'exploitation numérique des livres indisponibles »

« Art. L. 134-1. - On entend par livre indisponible au sens du présent chapitre un livre publié en France avant le 1er janvier 2001 qui ne fait plus l'objet d'une diffusion commerciale par un éditeur et qui ne fait pas actuellement l'objet d'une publication sous une forme imprimée ou numérique. »

Dès qu'un livre est indisponible, les conditions sont remplies pour permettre à l'auteur de rompre son contrat d'édition papier avec l'éditeur, au nom de l'article L.132-17 stipulant que *"le contrat d'édition prend fin, indépendamment des cas prévus par le droit commun ou par les articles précédents, lorsque l'éditeur procède à la destruction totale des exemplaires.*
La résiliation a lieu de plein droit lorsque, sur mise en demeure de l'auteur lui impartissant un délai convenable, l'éditeur n'a pas procédé

à la publication de l'œuvre ou, en cas d'épuisement, à sa réédition.
L'édition est considérée comme épuisée si deux demandes de livraisons d'exemplaires adressées à l'éditeur ne sont pas satisfaites dans les trois mois."
La différence, c'est que l'état, pour inscrire un livre parmi les indisponibles, s'exempte de mise en demeure à l'éditeur, n'a pas besoin de démontrer que "*deux demandes de livraisons d'exemplaires adressées à l'éditeur ne sont pas satisfaites dans les trois mois.*"
On constate donc que l'état peut déclarer indisponible un livre pour en permettre l'édition numérique au nom de cette loi mais qu'en même temps, si l'auteur lance une procédure pour obtenir la preuve que "*deux demandes de livraisons d'exemplaires adressées à l'éditeur ne sont pas satisfaites dans les trois mois*", l'éditeur aura trois mois pour réimprimer l'œuvre. Dès que l'œuvre sera numérisée (aux frais de l'état), l'éditeur papier pourra utiliser ce fichier pour réaliser une impression à la demande, et donc empêcher l'auteur de rompre le contrat au nom de l'article L.132-17 !
Naturellement, des "cas particuliers" peuvent figurer dans les contrats, exemple, que toute réédition sera d'au moins 1000 exemplaires, ce qui ne saurait alors permettre de prétendre à la réédition avec une impression numérique limitée à 2 exemplaires.

« Art. L. 134-2. - Il est créé une base de

données publique, mise à disposition en accès libre et gratuit par un service de communication au public en ligne, qui répertorie les livres indisponibles. La Bibliothèque nationale de France veille à sa mise en œuvre, à son actualisation et à l'inscription des mentions prévues aux articles L. 134-4, L. 134-5 et L. 134-6. »

Des auteurs concernés par cette loi ne liront pas cet ebook car internet reste, pour eux, un autre monde. Ces auteurs n'entendront peut-être même jamais parler de cette loi. Et un jour, l'un de leurs enfants, s'ils ont des enfants, prétendra avoir acheté le livre de leur jeunesse sur Internet ! Comment penser qu'il est suffisant, pour des auteurs qui ne connaissent pas l'univers du livre numérique (sinon ils auto-éditeraient leur œuvre ou lui chercheraient un nouvel éditeur, comme ils en ont le droit), d'inscrire une œuvre dans une base de données publique, pour que l'information soit considérée lui avoir été communiquée ? Le célèbre "nul n'est censé ignorer la loi" !

« Toute personne peut demander à la Bibliothèque nationale de France l'inscription d'un livre indisponible dans la base de données. »

À noter que les œuvres publiées en auto-édition, donc répertoriées au dépôt légal, peuvent se retrouver dans cette liste (l'auteur est aussi éditeur, ses livres possèdent un numéro d'ISBN). On sent que dans "l'esprit" de la loi, il s'agit d'œuvres publiées par des éditeurs membres du SNE mais aucun article n'exclut les œuvres publiées "autrement." L'indisponible est *"un livre publié en France avant le 1er janvier 2001..."*

« L'inscription d'un livre dans la base de données ne préjuge pas de l'application des articles L. 132-12 et L. 132-17. »

J'avais effectivement tiré cette conclusion de l'article L. 134-1 mais le législateur a jugé nécessaire de le préciser... sûrement pour éviter qu'un avocat défenseur d'un auteur, essaye de faire valoir que l'inscription était suffisante.

Article L132-12
L'éditeur est tenu d'assurer à l'œuvre une exploitation permanente et suivie et une diffusion commerciale, conformément aux usages de la profession.

Article L132-17
Le contrat d'édition prend fin, indépendamment des cas prévus par le droit commun ou par les articles précédents, lorsque l'éditeur procède à la destruction totale des exemplaires.
La résiliation a lieu de plein droit

lorsque, sur mise en demeure de l'auteur lui impartissant un délai convenable, l'éditeur n'a pas procédé à la publication de l'œuvre ou, en cas d'épuisement, à sa réédition.

L'édition est considérée comme épuisée si deux demandes de livraisons d'exemplaires adressées à l'éditeur ne sont pas satisfaites dans les trois mois.

En cas de mort de l'auteur, si l'œuvre est inachevée, le contrat est résolu en ce qui concerne la partie de l'œuvre non terminée, sauf accord entre l'éditeur et les ayants droit de l'auteur.

Hervé Gaymard, dans son rapport aux parlementaires du 18 janvier 2012, résumait : "*l'article L. 132-12 dispose que « l'éditeur est tenu d'assurer à l'œuvre une exploitation permanente et suivie et une diffusion commerciale, conformément aux usages de la profession ». À défaut, le contrat d'édition peut être résilié et l'auteur peut récupérer ses droits. Le principe retenu par la proposition de loi est celui d'une totale neutralité entre les deux régimes juridiques : l'auteur d'une œuvre indisponible pourra demander la résiliation de son contrat s'il estime que l'éditeur ne s'est pas acquitté de ses obligations au titre de l'article précité, mais un juge ne pourra déduire l'absence d'exploitation permanente et suivie du fait de l'inscription dans la liste des livres indisponibles. À l'inverse, l'éditeur ne pourra se prévaloir de la nouvelle disponibilité numérique pour s'opposer à la résiliation d'un contrat."*

« Art. L. 134-3. -
I. - Lorsqu'un livre est inscrit dans la base de données mentionnée à l'article L. 134-2 depuis plus de six mois, le droit d'autoriser sa reproduction et sa représentation sous une forme numérique est exercé par une société de perception et de répartition des droits régie par le titre II du livre III de la présente partie, agréée à cet effet par le ministre chargé de la culture. »

« Sauf dans le cas prévu au troisième alinéa de l'article L. 134-5, la reproduction et la représentation du livre sous une forme numérique sont autorisées, moyennant une rémunération, à titre non exclusif et pour une durée limitée à cinq ans, renouvelable. »

Six mois pour réagir, sinon la machine de désappropriation des droits a gagné ! Et l'éditeur d'origine obtiendra 10 ans les droits, à titre exclusif, tacitement renouvelable (c'est l'exception prévue à l'article L. 134-5 !)

Les auteurs peuvent-ils accorder leur confiance à une société de perception et de répartition des droits ? Membre de la sacem, société de perception et répartition des droits pour les auteurs compositeurs et éditeurs de musique, je réponds NON. La sacem, dont les frais généraux (très hauts salaires...) frisent les 20% des sommes perçues (ce chiffre est parfois minoré par une présentation biaisée où les charges sont d'abord réduites des revenus financiers... car ces ressources sont naturellement issues du travail de la société et non de celui des auteurs... le "seul" problème dans ce raisonnement étant que le capital est constitué des sommes non réparties ; il existe aussi à la sacem des œuvres dont le propriétaire n'est pas retrouvé...).

La sacem fut organisée au service d'une certaine idée de la musique, avec des membres "de base" et des membres professionnels et définitifs. Les membres "de base", environ 95% de l'effectif, ne peuvent postuler au Conseil d'administration, donc la politique est conduite par un conseil d'administration issu d'une oligarchie, celles et ceux qui ont obtenu plusieurs années de revenus élevés... Pour obtenir des revenus élevés, mieux vaut travailler avec une major... La sacem a aussi instauré une "cotisation sacem" à chaque répartition, qui permet de manger en totalité les faibles droits, droits payés uniquement s'ils dépassent un seuil. Ainsi, à la répartition suivante, la "cotisation sacem" pourra manger le reste dans bien des cas... Naturellement, des auteurs ont validé ce mode de fonctionnement (ceux de l'oligarchie du conseil d'administration) et toute société de répartition trouvera des créateurs disposés à suivre les intérêts des exploiteurs des artistes. Il se créera une nouvelle oligarchie. Des auteurs obtiendront quelques avantages, naturellement toujours dans le cadre de la loi, comme une bourse d'un organisme, une sinécure, l'édition d'un livre médiocre...

« II. - Les sociétés agréées ont qualité pour ester en justice pour la défense des droits dont elles ont la charge. »

Rien ne semble interdire qu'une société agréée puisse un jour ester en justice contre l'auteur qui déciderait d'auto-éditer son œuvre alors qu'elle est déjà éditée via cette loi, "*à titre exclusif*", naturellement sans son autorisation explicite.

« III. - L'agrément prévu au I est délivré en considération : »

« 1° De la diversité des associés de la société ; »

« 2° De la représentation paritaire des auteurs et des éditeurs parmi les associés et au sein des organes dirigeants ; »

« 3° De la qualification professionnelle des dirigeants de la société ; »

Avoir été un membre influent du SNE ou de la SGDL, est considéré comme une grande qualification professionnelle ?

« 4° Des moyens que la société propose de mettre en œuvre pour assurer la perception des droits et leur répartition ; »

« 5° Du caractère équitable des règles de répartition des sommes perçues entre les ayants droit, qu'ils soient ou non parties au contrat d'édition.
Le montant des sommes perçues par le ou les auteurs du livre ne peut être inférieur au montant des sommes perçues par l'éditeur ; »

Sans même figurer au contrat d'édition (pour la version papier), un éditeur peut devenir ayant droit de la version numérique, par exemple si l'éditeur papier initial a disparu.

« 6° Des moyens probants que la société propose de mettre en œuvre afin d'identifier et de retrouver les titulaires de droits aux fins de répartir les sommes perçues ; »

Il est intéressant d'opposer à ce point six, l'analyse de monsieur Hervé Gaymard, dans son rapport aux parlementaires du 18 janvier 2012 : « *Étant donné que le fonds d'œuvres indisponibles du XXe siècle est estimé à environ 500 000 ouvrages encore sous droits, rechercher les ayants droit de chacune de ces œuvres se révèle matériellement impossible. Cette entreprise, coûteuse en temps et en moyens, est bien entendu inenvisageable pour les éditeurs, pour qui rééditer la plupart de ces œuvres ne présente aucune rentabilité économique.* » Donc, l'argent collecté par la société de gestion servira à retrouver les titulaires des droits... il risque ainsi d'absorber ces droits durant des années... si réellement il est vrai qu'il est difficile de retrouver les titulaires des droits.

« 7° Des moyens que la société propose de mettre en œuvre pour développer des relations contractuelles permettant d'assurer la plus grande disponibilité possible des œuvres ; »

« 8° Des moyens que la société propose de mettre en œuvre pour veiller à la défense des intérêts légitimes des ayants droit non parties au contrat d'édition. »

Ces huit points permettent toutes les dérives constatées dans les sociétés de perception de droits.
Les moyens probants que la société propose de mettre en œuvre afin d'identifier et de retrouver les titulaires de droits pourraient justifier l'emploi de centaines d'amis pour retrouver les auteurs ?

« IV. - Les sociétés agréées remettent chaque année à la commission permanente de contrôle des sociétés de perception et de répartition des droits mentionnée à l'article L. 321-13 un rapport rendant compte des moyens mis en œuvre et des résultats obtenus dans la recherche des titulaires de droits, qu'ils soient ou non parties au contrat d'édition. »

« La commission peut formuler toute observation ou recommandation d'amélioration des moyens mis en œuvre afin d'identifier et de retrouver les titulaires de droits. »

« La commission est tenue informée, dans le délai qu'elle fixe, des suites données à ses observations et recommandations. »

« La commission rend compte annuellement au Parlement, au Gouvernement et à l'assemblée générale des sociétés agréées, selon des modalités qu'elle détermine, des observations et recommandations qu'elle a formulées et des suites qui leur ont été données. »

Les écrivains devraient être rassurés, il existera un rapport annuel ! Et même une commission permanente de contrôle des sociétés de perception et de répartition des droits. Tout cela, n'est-ce pas de l'argent de la culture grignoté ?

« Art. L. 134-4.
I. - L'auteur d'un livre indisponible ou l'éditeur disposant du droit de reproduction sous une forme imprimée de ce livre peut s'opposer à l'exercice du droit d'autorisation mentionné au premier alinéa du I de l'article L. 134-3 par une société de perception et de répartition des

droits agréée. Cette opposition est notifiée par écrit à l'organisme mentionné au premier alinéa de l'article L. 134-2 au plus tard six mois après l'inscription du livre concerné dans la base de données mentionnée au même alinéa. »

En toute urgence, dès la création de la base de données, il convient de vérifier qu'aucun de vos livres n'y est inscrit... semble le conseil le plus logique... mais revenons à l'article L. 134-1. « *on entend par livre indisponible au sens du présent chapitre un livre publié en France avant le 1er janvier 2001 qui ne fait plus l'objet d'une diffusion commerciale par un éditeur et qui ne fait pas actuellement l'objet d'une publication sous une forme imprimée ou numérique.* » En toute urgence, si l'un de vos livres a été édité avant l'an 2001 et que vous n'avez pas signé d'avenant pour les droits numériques, éditez-le en ebook. Le plus rapide est la plateforme d'autopublication d'Amazon Kindle mais le chapitre "comment éditer un livre sans éditeur classique" vous apportera d'autres solutions.
Il est nettement préférable de réagir AVANT l'inscription de vos œuvres dans cette base. Une course de vitesse est vraiment engagée...

« Mention de cette opposition est faite dans la base de données mentionnée au même article L. 134-2. »

« Après l'expiration du délai mentionné au

premier alinéa du présent I, l'auteur d'un livre indisponible peut s'opposer à l'exercice du droit de reproduction ou de représentation de ce livre s'il juge que la reproduction ou la représentation de ce livre est susceptible de nuire à son honneur ou à sa réputation. Ce droit est exercé sans indemnisation. »

Donc, après 6 mois où l'auteur (ou ses ayants droit) ne s'est pas indigné... tout n'est pas perdu... mais ça devient plus difficile. Quelles argumentations fournir pour justifier que « *la reproduction ou la représentation de ce livre est susceptible de nuire à son honneur ou à sa réputation* » ? S'il avait été noté "la reproduction ou la représentation de ce livre par l'éditeur est susceptible de nuire à son honneur ou à sa réputation" il aurait été possible d'argumenter sur le refus d'être associé aux éditions xyz qui ont racheté l'éditeur abc. Je ne vois donc qu'un cas : une œuvre "de jeunesse" ou "compromettante" ou que l'auteur a "renié", qu'il ne souhaite plus voir éditée... mais après une telle démarche l'auteur se retrouverait dans la quasi interdiction d'auto-éditer son œuvre...

Cet alinéa a peut-être une chance d'être utilisable si une qualité déplorable de numérisation entraîne la vente de livres truffés de grossières fautes, où les e dans l'o sont devenu des u, par exemple.

« II. - L'éditeur ayant notifié son opposition

dans les conditions prévues au premier alinéa du I du présent article est tenu d'exploiter dans les deux ans suivant cette notification le livre indisponible concerné. Il doit apporter par tout moyen la preuve de l'exploitation effective du livre à la société agréée en application de l'article L. 134-3. À défaut d'exploitation du livre dans le délai imparti, la mention de l'opposition est supprimée dans la base de données mentionnée à l'article L. 134-2 et le droit d'autoriser sa reproduction et sa représentation sous une forme numérique est exercé dans les conditions prévues au second alinéa du I de l'article L. 134-3. »

Pourquoi l'éditeur (papier) du livre refuserait son inscription dans cette base alors qu'elle lui donnera le droit de publier sans négocier avec l'auteur ?... et en plus la numérisation est offerte par l'état ! Si l'éditeur refuse, il est prié d'éditer l'ebook sous deux ans, donc de trouver un accord avec l'auteur.
Si l'auteur apporte la version numérique à l'éditeur et qu'il accepte ses conditions, l'éditeur utilisera cette option !

« La preuve de l'exploitation effective du livre, apportée par l'éditeur dans les conditions prévues au premier alinéa du présent II, ne préjuge pas de l'application des articles L. 132-12 et L. 132-17. »

Au cas où un éditeur aurait prétendu que l'édition en ebook, obtenue sans l'accord de l'auteur, permettait aussi de s'exonérer de l'obligation de rendre disponible le livre papier ! On peut donc imaginer qu'un éditeur obtienne via cette loi l'édition du livre en numérique mais que l'auteur récupère les droits d'édition papier car l'éditeur n'assure pas son obligation d'"exploitation permanente et suivie et une diffusion commerciale." Situation ubuesque ? Non ! J'imagine le sourire de certains éditeurs « *quel talent ! finement joué ! tempo parfait ! l'état nous numérise les œuvres et ainsi les auteurs ne peuvent plus récupérer leurs droits d'édition papier car nous pouvons répondre à toute demande d'exemplaires en papier grâce à l'impression à la demande.* » Non seulement avec cette loi les éditeurs obtiennent les droits numériques à des conditions très avantageuses mais ils obtiennent la numérisation gratuite des œuvres, qui va leur permettre de bloquer les velléités des écrivains qui souhaiteraient récupérer les droits d'édition papier ! Non ? Un tribunal décidera que l'impression numérique, ce n'est pas rendre disponible une œuvre en papier ? Point juridique à suivre... mais sur lequel un auteur n'ayant pas les moyens ou la volonté de prendre un avocat, ne peut compter... avant les jurisprudences... Mais l'espoir qu'une impression numérique ne soit pas considérée comme une manière de rendre disponible en papier l'œuvre, me semble faible...

« Art. 134-5. - À défaut d'opposition notifiée par l'auteur ou l'éditeur à l'expiration du délai prévu au I de l'article L. 134-4, la société de perception et de répartition des droits propose une autorisation de reproduction et de représentation sous une forme numérique d'un livre indisponible à l'éditeur disposant du droit de reproduction de ce livre sous une forme imprimée. »

Clair : 6 mois pour refuser où l'éditeur du livre papier va obtenir les droits numériques.

« Cette proposition est formulée par écrit. Elle est réputée avoir été refusée si l'éditeur n'a pas notifié sa décision par écrit dans un délai de deux mois à la société de perception et de répartition des droits. »

« L'autorisation d'exploitation mentionnée au premier alinéa est délivrée par la société de perception et de répartition des droits à titre exclusif pour une durée de dix ans tacitement renouvelable, sauf dans le cas mentionné à l'article L. 134-8. »

Clair : l'éditeur du livre papier aura les droits numériques « *à titre exclusif pour une durée de dix ans tacitement renouvelable.* » L'auto-édition deviendrait même illégale ! Des droits à titre exclusif !

Quant à l'article L. 134-8, il n'apporte rien d'utile à l'auteur : l'autorisation gratuite pour les bibliothèques accessibles au public à reproduire et à diffuser sous forme numérique à leurs abonnés les livres indisponibles conservés dans leurs fonds dont aucun titulaire du droit de reproduction sous une forme imprimée n'a pu être trouvé dans un délai de dix ans.

« Mention de l'acceptation de l'éditeur est faite dans la base de données mentionnée à l'article L. 134-2. »

« À défaut d'opposition de l'auteur apportant par tout moyen la preuve que cet éditeur ne dispose pas du droit de reproduction d'un livre sous une forme imprimée, l'éditeur ayant notifié sa décision d'acceptation est tenu d'exploiter, dans les trois ans suivant cette notification, le livre indisponible concerné. Il doit apporter à cette société, par tout moyen, la preuve de l'exploitation effective du livre. »

À noter que les élus, si pressés de voir les œuvres disponibles, accordent trois ans à l'éditeur pour sortir l'ebook, quand ils n'accordent que six mois à l'auteur pour éviter cet engrenage ! Il est permis, avec le délai de trois ans pour l'édition, de soupçonner qu'il existe une volonté d'accorder les droits à l'éditeur... avant le réveil des écrivains... avant les premiers grands succès de livres en numérique, qui ne vont pas manquer de faire réfléchir...

Si vous avez rompu le contrat en utilisant l'article L132-17, il vous faudra en apporter la preuve aussi ! Ce n'est pas à l'éditeur de le signaler. L'urgence de récupérer vos droits d'édition papier est ainsi encore mise en évidence : il semble naturel qu'après avoir obtenu une version numérique, les éditeurs s'en serviront pour réaliser une impression à la demande, ainsi bloquer toute velléité de l'auteur qui cherchera à utiliser l'indisponibilité de son œuvre pour en récupérer les droits papier.

Durant trois ans, l'éditeur peut bloquer les droits numériques. Même durant cette période, l'auteur qui s'auto-éditerait sans l'autorisation de l'éditeur (auquel il n'a pas donné d'autorisation) serait dans l'illégalité ! Et comme « *les sociétés agréées ont qualité pour ester en justice pour la défense des droits dont elles ont la charge* » on peut imaginer l'auteur poursuivi pour avoir librement exploité son œuvre...

« À défaut d'acceptation de la proposition mentionnée au premier alinéa ou d'exploitation de l'œuvre dans le délai prévu au cinquième alinéa du présent article, la reproduction et la représentation du livre sous une forme numérique sont autorisées par la société de perception et de répartition des droits dans les conditions prévues au second alinéa du I de l'article L. 134-3. »

« L'utilisateur auquel une société de perception et de répartition des droits a accordé une autorisation d'exploitation dans les conditions prévues au même second alinéa est considéré comme éditeur de livre numérique au sens de l'article 2 de la loi n° 2011-590 du 26 mai 2011 relative au prix du livre numérique. »

L'article 2 de la loi n°2011-590 stipule que « *toute personne établie en France qui édite un livre numérique dans le but de sa diffusion commerciale en France est tenue de fixer un prix de vente au public pour tout type d'offre à l'unité ou groupée. Ce prix est porté à la connaissance du public. Ce prix peut différer en fonction du contenu de l'offre et de ses modalités d'accès ou d'usage.* »
Il n'est pas certain que ces ebooks soient vendus à bas prix ! Et les auteurs de ce programme n'y ont pas intérêts... puisque seulement des miettes arriveront à la société de gestion...

« L'exploitation de l'œuvre dans les conditions prévues au présent article ne préjuge pas de l'application des articles L. 132-12 et L. 132-17. »

De nouveau le rappel pour les droits du livre en papier.

« Art. L. 134-6. - L'auteur et l'éditeur disposant du droit de reproduction sous une forme imprimée d'un livre indisponible notifient conjointement à tout moment à la société de perception et de répartition des droits mentionnée à l'article L. 134-3 leur décision de lui retirer le droit d'autoriser la reproduction et la représentation dudit livre sous forme numérique. »

Maintenant que l'éditeur a récupéré les droits, maintenant qu'il est en position de force vis-à-vis de l'auteur, la loi lui permet de s'exempter de la société de perception et de répartition des droits. Il lui suffira d'expliquer à l'auteur qu'il a tout intérêt à être payé directement par son éditeur plutôt que de subir les frais de gestion de la société... ce qui sera exact mais ce qui apporte une nouvelle suspicion sur le but réel de cette loi, ce qui apporte des éléments au moulin des analystes qui osent prétendre que ce texte fut écrit par les éditeurs, pour les éditeurs.

« L'auteur d'un livre indisponible peut décider à tout moment de retirer à la société de perception et de répartition des droits mentionnée au même article L. 134-3 le droit d'autoriser la reproduction et la représentation du livre sous une forme numérique s'il apporte la preuve qu'il est le seul titulaire des droits définis audit article L. 134-3. Il lui notifie cette décision. »

« Mention des notifications prévues aux deux premiers alinéas du présent article est faite dans la base de données mentionnée à l'article L. 134-2. »

« L'éditeur ayant notifié sa décision dans les conditions prévues au premier alinéa est tenu d'exploiter le livre concerné dans les dix-huit mois suivant cette notification. Il doit apporter à la société de perception et de répartition des droits, par tout moyen, la preuve de l'exploitation effective du livre. »

« La société informe tous les utilisateurs auxquels elle a accordé une autorisation d'exploitation du livre concerné des décisions mentionnées aux deux premiers alinéas du présent article. Les ayants droit ne peuvent s'opposer à la poursuite de l'exploitation dudit livre engagée avant la notification pendant la durée restant à courir de l'autorisation mentionnée au second alinéa du I de l'article L. 134-3 ou au troisième alinéa de l'article L. 134-5, à concurrence de cinq ans maximum et à titre non exclusif. »

Arrêtez de nous alarmer ! Tout va bien puisque « *l'auteur d'un livre indisponible peut décider à tout moment de retirer à la société de perception et de répartition [...] le droit d'autoriser la reproduction et la représentation du livre sous une forme numérique.* » Certes ! Mais seulement si l'auteur « *apporte la preuve qu'il est le seul titulaire des droits définis audit article L. 134-3.* »
Nous ne sommes plus durant les six premiers

mois de l'inscription dans la liste des livres indisponibles où l'article L. 134-4 accorde à l'auteur la possibilité de « *s'opposer à l'exercice du droit d'autorisation mentionné au premier alinéa du I de l'article L. 134-3 par une société de perception et de répartition des droits agréée. Cette opposition est notifiée par écrit à l'organisme mentionné au premier alinéa de l'article L. 134-2 au plus tard six mois après l'inscription du livre concerné dans la base de données mentionnée.* »
Dans les six mois, il suffit à l'auteur d'écrire. Ensuite, il doit apporter la preuve. Présenter un contrat où seule figure l'édition papier ne constitue pas une preuve qu'aucun avenant ne fut signé ! L'éditeur n'a pas à présenter un contrat lui accordant les droits numériques, c'est à l'auteur de prouver qu'il n'a pas signé de contrat, avec cet éditeur mais aussi avec tout autre éditeur ! Aporie : difficulté d'ordre rationnel paraissant sans issue.
Comme le remarque Maître Guillaume Sauvage, avocat spécialisé dans les questions du droit d'auteur, « *c'est étrange : cela devrait concerner 99,9% des auteurs qui ont signé des contrats au XXe siècle, à une époque où aucun contrat ne parle de droits numériques et, à la fois, il me semble que c'est une preuve qu'il ne sera pas facile à rapporter.* » (Interview de Grégoire Leménager pour bibliobs.nouvelobs.com le 27 février 2012) Etrange, oui... mais peut-être pas surprenant si l'on pense que cette loi fut écrite par les éditeurs, pour les éditeurs...

Si l'auteur parvenait à prouver qu'il n'a accordé à personne ces droits numériques (une attestation de l'ensemble des éditeurs reconnaissant ne pas posséder les droits numériques sera difficile à obtenir), l'éditeur pourrait néanmoins encore exploiter l'œuvre durant cinq ans (moins uniquement si l'échéance de l'autorisation est inférieure).

« Art. 134-7. - Les modalités d'application du présent chapitre, notamment les modalités d'accès à la base de données prévue à l'article L. 134-2, la nature ainsi que le format des données collectées et les mesures de publicité les plus appropriées pour garantir la meilleure information possible des ayants droit, les conditions de délivrance et de retrait de l'agrément des sociétés de perception et de répartition des droits prévu à l'article L. 134-3, sont précisées par décret en Conseil d'État. »

« Art. L. 134-8. - Sauf refus motivé, la société de perception et de répartition des droits mentionnée à l'article L. 134-3 autorise gratuitement les bibliothèques accessibles au public à reproduire et à diffuser sous forme numérique à leurs abonnés les livres indisponibles conservés dans leurs fonds dont aucun titulaire du droit de reproduction sous une forme imprimée n'a pu être trouvé dans un délai de dix ans à compter de la première autorisation d'exploitation. »

« L'autorisation mentionnée au premier alinéa est délivrée sous réserve que l'institution bénéficiaire ne recherche aucun avantage économique ou commercial. »

« Un titulaire du droit de reproduction du livre sous une forme imprimée obtient à tout moment de la société de perception et de répartition des droits le retrait immédiat de l'autorisation gratuite. »

Dans dix ans et six mois, les bibliothèques pourront se servir de ces ebooks. Ce n'est pas le pire des articles !

« Art. L. 134-9. - Par dérogation aux dispositions des trois premiers alinéas de l'article L. 321-9, les sociétés agréées mentionnées à l'article L. 134-3 utilisent à des actions d'aide à la création, à des actions de formation des auteurs de l'écrit et à des actions de promotion de la lecture publique mises en œuvre par les bibliothèques les sommes perçues au titre de l'exploitation des livres indisponibles et qui n'ont pu être réparties parce que leurs destinataires n'ont pu être identifiés ou retrouvés avant l'expiration du délai prévu au dernier alinéa de l'article L. 321-1. »

« Le montant et l'utilisation de ces sommes font l'objet, chaque année, d'un rapport des sociétés de perception et de répartition des droits au ministre chargé de la culture. »

Ils ont gagné, les auteurs alliés aux éditeurs, ils ont leur cagnotte pour « *des actions d'aide à la création, à des actions de formation des auteurs de l'écrit et à des actions de promotion de la lecture publique.* » Certains prétendent (naturellement des jaloux !) qu'en dehors des actions pour montrer que l'on agit, ces sommes, dans ce genre de sociétés, sont partagées entre amis... de manière légale, naturellement...

En mai 2009, Régis Jauffret, écrivain, lors d'un débat sur le livre numérique organisé par le « *conseil permanent des écrivains* », s'en prenait à la gratuité des versions numériques des œuvres du domaine public : « *il ne faut pas que ces livres deviennent gratuits. On pourrait imaginer une prolongation du paiement du droit d'auteur et que ces revenus reviennent à une sorte de caisse centrale des écrivains.* » Ah ! De l'argent à se partager entre notables ! Quelle belle idée que « *des actions de formation des auteurs de l'écrit et à des actions de promotion de la lecture publique* » ! Les ateliers d'écriture vont prospérer !

« **Article 2** »

« Le chapitre III du titre Ier du livre Ier de la première partie du même code est complété par un article L. 113-10 ainsi rédigé : »

« Art. L. 113-10. - L'œuvre orpheline est une œuvre protégée et divulguée, dont le titulaire des droits ne peut pas être identifié ou retrouvé, malgré des recherches diligentes, avérées et sérieuses. »

« Lorsqu'une œuvre a plus d'un titulaire de droits et que l'un de ces titulaires a été identifié et retrouvé, elle n'est pas considérée comme orpheline. »

Laissez les œuvres orphelines tranquilles ! Ne les trahissez pas en permettant à des éditeurs et marchands de se faire du fric sur le dos des orphelines.

« **Article 3** »

« Les organismes représentatifs des auteurs, des éditeurs, des libraires et des imprimeurs engagent une concertation sur les questions économiques et juridiques relatives à l'impression des livres à la demande. »

Nous y sommes, rien n'est dit... mais Lagardère est prêt à proposer sa solution. Voir le chapitre « L'impression des livres à la demande, le groupe Lagardère est prêt. » Et naturellement, il veut bien faire profiter ses confrères de son avance technologique... (n'oublions jamais que le distributeur gagne plus que l'éditeur dans le bon système de l'édition papier française)
Il n'existe pas d'organismes représentatifs des auteurs. Il n'existe que des minorités

organisées, qui défendent les intérêts de cette minorité. Comme dans la chanson, la littérature devient affaire de structures. Dans le monde de la chanson, l'un des premiers bons conseils qui me fut prodigué, fut de m'impliquer dans des organismes, ce qui permet de se faire des relations et d'être informé des bons plans. J'ai une autre idée de la création. Mais musique comme littérature, il se trouvera toujours des opportunistes pour collaborer avec les exploiteurs des créateurs.

« **Article 4** »

« L'article 1er entre en vigueur à compter de la publication du décret pris pour l'application du chapitre IV du titre III du livre Ier de la première partie du code de la propriété intellectuelle et au plus tard six mois après la promulgation de la présente loi. »

Est-ce qu'un jour des auteurs toucheront de l'argent de la société de perception et de répartition des droits ? Si oui, avant 2050 ?

Une bonne affaire pour les écrivains ? Il est permis d'en douter.

Un poste des charges de la société de perception pourrait engloutir des années de perception des droits : la recherche des ayants droit. Les sociétés de perception sont aussi connues pour bien payer leurs responsables. Naturellement, je pense à la sacem...

Mme Dominique Gillot, au Sénat, pour le groupe socialiste-EELV, lors de la séance du 9 décembre 2011, remarqua et questionna : « *En allouant une partie du grand emprunt au fonds national pour la société numérique, le Gouvernement fait le pari de la viabilité économique de l'exploitation des livres numérisés, selon le modèle de la longue traîne. Un retour sur investissement étant indispensable, le décret devra également prévoir les conditions dans lesquelles chaque bénéficiaire des investissements contribuera au remboursement de l'emprunt.*
Au total, quel sera le prix du livre numérisé ? À quel niveau sera-t-il taxé pour rémunérer l'éditeur, l'auteur, la société de gestion collective, la société numérisant les

livres et le remboursement du grand emprunt ? »
http://www.senat.fr/seances/s201112/s20111209/s20111209009.html

Aucun article ne précise la nécessité de rembourser l'argent de la numérisation. Pourtant, Aurélie Champagne, pour rue89 dans un article généraliste sur la loi « Numérisation des livres qu'on n'édite plus : qui y gagne ? », note « *La numérisation sera financée par le Grand Emprunt, et remboursée à l'État via une société de gestion : la Société de perception et de répartition des droits (SRPD).* » Ajoutant simplement une citation pour étayer son assertion : « *C'est pourquoi le choix de la réexploitation commerciale des œuvres numériques a été fait* », justifie le président de la BNF.
http://www.rue89.com/rue89-culture/2012/03/03/numerisation-des-livres-quon-nedite-plus-qui-y-gagne-229855

De nombreux documents spécifient que l'argent du grand emprunt est un investissement... Dans le cas présent, son remboursement via les droits d'auteur semble le plus probable... Est-ce que les 60 000 seront numérisés sur les fonds publics, donc offerts aux éditeurs sans obligation de rembourser... C'est ce qui semble se dessiner... Ainsi les éditeurs auraient peut-être "choisi" les 60 000 sur lesquels ils pensent réaliser le plus de bénéfices... Hé oui, Jack-Alain, vous êtes rentable !

La qualité de la numérisation ?

100 euros le livre et pourtant la loi n'exige aucune validation par l'auteur (il est certes sûrement introuvable !), aucun "bon à tirer" comme pour l'édition papier. Qui sera responsable d'une numérisation ratée ? Ni responsable ni coupable ? L'éditeur n'est pas même tenu de vérifier, relire, ce qu'il va publier !
Quel recours pour l'auteur découvrant un charabia en guise d'oeuvre ?

Quelque chose de l'accord Hachette Livre - Google...

Quand je lis cette loi, le communiqué et la documentation de l'accord Hachette Livre - Google, j'y remarque quelques ressemblances !

Paris, le 28 juillet 2011 – Google et Hachette Livre annoncent aujourd'hui au terme de discussions constructives, la signature de l'accord définitif prévu par le protocole d'accord qu'ils avaient signé le 17 novembre dernier sur les conditions de la numérisation par Google de certaines œuvres en langue française dont les droits sont contrôlés par Hachette Livre.

Cet accord porte sur des milliers d'œuvres régies par le droit d'auteur français et qui ne sont plus commercialement disponibles. Ce qui est le cas de la grande majorité des œuvres publiées à ce jour.

Cet accord de partenariat a pour objectif de donner une seconde vie à des milliers d'œuvres épuisées, tant au bénéfice des auteurs que des universitaires, des chercheurs et du grand public en général. Comme présenté il y a quelques mois, l'accord s'articule autour des principes suivants au bénéfice d'Hachette Livre :
- Contrôle de la numérisation des œuvres : Hachette Livre déterminera quelles œuvres

Google peut numériser, quelles œuvres seront disponibles sous forme d'ebook via Google ebooks (ou utilisés pour d'autres applications commerciales telles que l'impression à la demande) et quelles œuvres de l'éditeur seront retirées des services Google.

- Nouvelles opportunités commerciales : cet accord ouvre la possibilité de donner accès à des œuvres jusque là épuisées, tout en assurant de nouveaux revenus à leurs auteurs et à leurs éditeurs. Hachette Livre aura la faculté d'utiliser les fichiers des œuvres numérisées par Google, notamment pour les exploiter en impression à la demande (POD).
- Visibilité accrue de ses auteurs et de leurs œuvres dans les bibliothèques numériques : Hachette Livre a l'intention de faire bénéficier les institutions publiques, telles que la Bibliothèque Nationale de France, des œuvres qui auront été numérisées dans le cadre de cet accord, remettant ainsi des œuvres épuisées au sein du patrimoine culturel et à disposition des lecteurs.

Ce partenariat est le résultat d'un dialogue constructif entre Hachette Livre et Google. Google espère parvenir à des accords similaires avec d'autres éditeurs pour permettre de donner une nouvelle vie numérique à ces œuvres aujourd'hui indisponibles.

Mais la loi du 1er mars 2012 est magistrale pour les éditeurs : c'est avec l'argent public que se réalisera la numérisation !... et le droit d'auteur servira « sûrement » à rembourser l'état. Tandis que la filière éditeur distributeur site de vente aura réalisé son bénéfice. La question du site de vente est importante, sachant que la BnF effectuera une présentation des œuvres avec renvoi vers un site où les acheter... Et s'il s'agissait d'un site contrôlé par les éditeurs... dossier à suivre... depuis l'échec du portail 1001libraires.com

L'absence du pilon dans ce dossier...

Dans les économies liées au passage à l'édition numérique, *bizarrement*, les éditeurs préfèrent ne pas aborder le dossier pilon.
Certes, parler des invendus, ça ne se fait pas ! Lapalissade : un ebook qui ne se vend pas, ne devient pas du papier à recycler !
Le pilon est même rarement dans l'actualité. Chaque année une centaine de millions de livres sont pilonnés, détruits.
Pilonner : terme traditionnel pour signifier la destruction d'un livre invendu.
En moyenne, 500 millions de livres sont imprimés chaque année en France dont 400 millions sont vendus et 100 millions détruits.
Un scandale ? « *Le pilon, ce n'est ni négatif ni scandaleux. C'est au contraire un régulateur nécessaire du secteur* » dixit le SNE.

"*On achève bien les livres*", un essai cinématographique, 22', de Bruno Deniel-Laurent est toujours en post-production (mai 2012 http://www.brunodeniellaurent.com/films.htm).
Mercredi 2 novembre 2011, à l'occasion de "*24 heures autour du livre*", sur France Culture, il était noté en cours de montage.
Bruno Deniel-Laurent a filmé le pilon de Vigneux-sur-Seine. « *Le pilon est un lieu secret où peu de monde pénètre, Chaque année des milliers d'écrivains voient leur livre pilonné, mais une extrême minorité a la curiosité d'assister à la mise au pilon concrète de leur œuvre* ».

À cette occasion, la page http://www.franceculture.fr/2011-11-01-la-condamnation-au-pilon livre une belle interview confidence de Laurent Laffont, directeur éditorial de la maison JC Lattès : « *Pourquoi on le fait, d'abord ? Parce que le livre est entre guillemets MORT, il n'a plus de sortie, plus personne ne le demande, pour la plupart. On ne peut pas le donner, parce que c'est ça le problème du don aujourd'hui : si vous donnez tout cela à des librairies, les gens auront pris l'habitude du don, c'est peut-être un peu terrible à dire, mais on casserait peut-être trop le marché en faisant ça. Et donc on décide de ne pas avoir des stocks immobiles dans des endroits, tout ça, et donc c'est à ce moment-là que l'on décide de pilonner un stock trop abondant. Ce que les éditeurs font de plus en plus souvent maintenant c'est ce que l'on appelle le pilon partiel, parce que soudain on a mal calculé, le livre s'est moins bien vendu que ce que l'on espérait, donc il peut nous rester trois quatre mille exemplaires d'un livre dont on vend 50 à 100 exemplaires par an, donc on en pilonne une partie. Mais le livre continue à vivre. Sinon y'a le pilon total mais à partir du moment où un éditeur pilonne totalement un livre, les droits d'auteurs sont reversés, du moins rapatriés, à l'auteur lui-même qui peut s'il le souhaite trouver un autre éditeur ou d'autres moyens.* » Les autres moyens, je suppose qu'il pense à l'auto-édition !

Le titre d'un article de *Libération* du 18 janvier 2005 présentait certaines similitudes : « *On achève bien les bouquins* », où Edouard Launet racontait sa visite à Villeneuve-le-Roi, à un énorme broyeur de livres qui dévore 80 % du rebut de la production nationale. « *110 millions de livres finissent chaque année déchiquetés au pilon. Un cinquième de la production française...* »
Illustré de photos de piles de livres dévorés : « *grands rouleaux hérissés de marteaux pointus qui tournent inlassablement, explosant du papier dix heures par jour.* »
« *Quand la machine bleue a fait son office, la presse prend le relais. Elle compacte les fragments de pages et expulse des balles d'environ deux mètres cubes ceinturées de fil de fer. Ça se revend entre quinze et trois cent cinquante euros la tonne.* »
Chiffres 2003 sûrement officiels : 533 millions de livres sortis des presses des éditeurs de l'hexagone, 423 millions vendus, 110 millions au pilon.

Dans l'*Humanité* du 22 janvier 2005, Régine Deforges rebondissait sur « *le cimetière des livres.* »
Naturellement, ses premières lignes dressent un état des lieux connu mais qu'il est bon de reprendre par un auteur installé autorisé :
« *Nous autres, écrivains, savons bien que la vie d'un livre est courte et que s'il ne trouve pas son public dans le mois qui suit sa sortie, il est condamné au pilon, c'est-à-dire à la*

destruction, pour laisser la place à d'autres. Quand on sait qu'un livre, pour ne parler que des romans, demande à son auteur entre deux et trois ans de travail quotidien, un mois pour le faire connaître, c'est peu. Quand on sait que, chaque année, l'édition française publie plus de cinq cents millions d'ouvrages dont plus de cent millions seront détruits, cela plonge l'écrivain dans un profond malaise. »
Admirons le fatalisme du *nous autres, écrivains, savons bien...* Comme si cette dérive relevait d'une convention collective du gribouilleur.
Elle apporte aussitôt une vision très humaniste (nous sommes dans l'*Humanité* !), celle de millions de lecteurs potentiels, qui seraient ravis de recevoir ces livres, pour aussitôt, naturellement, la balayer au nom des réalités :
« À cela, les éditeurs rétorquent qu'envoyer des livres dans les pays pauvres coûterait plus cher encore que de les stocker ; d'où la nécessité de les détruire. » Logique ! Tout est vraiment pour le mieux dans le meilleur du Tout-Paris (et en plus, Régine Deforges fut sûrement payée pour une telle analyse).
Puis elle s'intéresse à son microcosme :
« *Dans le milieu éditorial, on ne voit pas la solution. "Publiez moins", disent les critiques envahis, chaque jour, par les services de presse des nouveautés.* »
Elle cite, c'est très instructif, une déclaration du Syndicat National de l'Edition : « *Le pilon, ce n'est ni négatif ni scandaleux. C'est au*

contraire un régulateur nécessaire du secteur. » Ah ! Si un syndicat a dit, l'*Humanité* approuve !
Vous croyez peut-être que le pilon concerne uniquement la production industrielle rédigée par des nègres pour des stars ?
En 1997, Julien Green envoie deux lettres recommandées chez Fayard, dénonce ses contrats et récuse son « agent général. » L'écrivain reproche à son éditeur un trop grand nombre d'exemplaires envoyés au pilon (et des tirages inférieurs au minimum fixé, 5 000).
Son fils adoptif poursuivra la procédure après sa mort en août 1998. Le 26 mai 1999, premier jugement : Fayard perd ses droits sur l'œuvre de Green (et condamnation à 100 000 francs de dommages et intérêts). L'éditeur interjette appel... et obtient gain de cause ! Le 20 décembre 2000, Jean-Éric Green est débouté de toutes ses demandes ! Son pourvoi en cassation ne donnera rien : notre juridiction suprême tranche définitivement, en 2001, en faveur de Fayard.

Les syndicats, la justice, les écrivains fatalistes, c'est l'unanimité !

Jérôme Garcin, dans le *Nouvel Observateur* du 21 septembre 2006, débute son édito par : « *C'est le grand tabou de l'édition française. Tout le monde sait qu'il existe mais personne n'ose en parler. Il faut imaginer une sorte de monstre du loch ness aux mâchoires*

gigantesques et à l'appétit inextinguible. Cet ogre masqué engloutit 100 millions de livres par an. »
Son constat n'est qu'une simple chronique d'un roman intitulé « *le pilon* » de Paul Desalmand... « *il faut savoir que, sur les quelque 700 romans qui viennent de paraître, la majorité est promise à l'enfer du pilon.* »
Mais aucune proposition de réforme.

Comme le législateur cherche dans la musique la solution à un problème qui n'existe pas, pour créer une société de gestion collective, j'invite les parlementaires à guérir le monde du livre de sa maladie du pilon... en s'inspirant de la chanson !

Une société de pressage (reproduction CD, DVD, cassettes, vinyle...) est autorisée à lancer la fabrication uniquement si elle a reçu l'autorisation SDRM (Société pour l'administration du droit de reproduction mécanique), envoyée uniquement après paiement des droits d'auteur. Environ 8% du prix de vente. La SDRM collecte ces sommes destinées aux ayants droit, reversées par la sacem.

S'inspirer et non copier ! Inutile de créer une société... SACEM-SDRM ingurgitent environ 20% des droits : il suffit d'un formulaire où l'auteur atteste avoir perçu ses droits pour X exemplaires. **Avec un tel procédé, les éditeurs hésiteraient à fabriquer des livres uniquement pour remplir tables et rayons.**

Oui, le producteur de musique verse les droits d'auteur avant de fabriquer le support, donc avant de vendre (les ventes par souscription sont marginales). Les éditeurs s'indigneront, hurleront qu'on veut tuer une activité « déjà sinistrée », qu'elle a besoin d'aides, de subventions, et non de cette « mauvaise chanson »...

Le pilon peut représenter une opportunité pour les écrivains qui l'ont subi, comme le rappelle Laurent Laffont. L'alinéa 1 de l'article L.132-17 précisant que "*Le contrat d'édition prend fin, indépendamment des cas prévus par le droit commun ou par les articles précédents, lorsque l'éditeur procède à la destruction totale des exemplaires.*"

Comment éditer un livre numérique sans éditeur classique ?

Il existe la possibilité d'autopublication Amazon mais aussi, et surtout, une approche professionnelle d'auteur-éditeur, avec distribution sur la quasi totalité des plateformes numériques. Itunes, Kobo, La Fnac, vendent aussi de l'ebook !...
Je vous conseille la lecture d'un ebook vendu à tarif très décent ! *Le guide de l'auto-édition numérique en France (Publier et vendre des ebooks en autopublication)* de... Stéphane Ternoise. Ne croyez pas que ce soit juridiquement compliqué : je suis auteur-éditeur depuis 1991.

Une loi illégale ?

Est-ce que cette loi est conforme à la Convention de Berne pour la protection des œuvres littéraires et artistiques ? L'article 5.2 de cette Convention stipule que « *la jouissance et l'exercice de ces droits ne sont subordonnés à aucune formalité.* » Avec cette loi, pour jouir des droits numériques de son œuvre, l'auteur doit s'opposer à leur utilisation par un éditeur avec lequel il n'a passé aucun accord. Notion juridique qu'il conviendrait d'observer. Qui pour porter le dossier en justice ? Il ne faut trop compter sur cela ! L'état sera condamné dans 25 ans ?

De l'édition sans risque financier offerte aux éditeurs installés

Numérisation avec l'argent de l'état. Mise en vente sans frais sur les plateformes numériques. Aucun risque financier. Simplement automatiser une procédure informatique : réceptionner des œuvres numérisées de la BNF et les transmettre à un edistributeur. Puis attendre que l'argent rentre. Pas mal, comme rente. Juste ? C'est ce que vous appelez une politique juste, monsieur François Hollande ?

Ce qu'il faut lire

Comme son nom l'indique, ce texte « tourne autour » d'un auteur. Pour des informations plus précises, je vous dresse une petite liste de livres numériques à lire, publiés... par le même auteur.

- *Écrivains, réveillez-vous ! - La loi 2012-287 du 1er mars 2012 et autres somnifères.* Pour comprendre cette loi et la manière la meilleure de réagir.

- *Ya basta Aurélie Filippetti ! - Ça suffit Aurélie Filippetti Ministre de la Culture en contrat avec un éditeur traditionnel.*

Aurélie Filippetti peut-elle rester ministre de la Culture alors qu'elle se revendique "auteur Hachette", donc auteur Lagardère ?

Où commence le conflit d'intérêts ?

Oui, ça suffit... Aurélie Filippetti ! Il serait temps que monsieur François Hollande vous demande de démissionner.

En cette période de révolution numérique, le ministère de la Culture a besoin d'une personnalité impartiale, libre et indépendante, qui n'essayera pas par tous les moyens de maintenir les écrivains dans le giron des éditeurs.

Ça suffit, cette politique d'une oligarchie pour l'oligarchie.
Ça suffit, le changement c'est la continuité.

Ça suffit, la réunion de quelques notables à la table des éditeurs pour prétendre à une concertation avec les écrivains.

- *Contrairement à Gérard Depardieu, dois-je quitter la France ? Exil littéraire au Burkina Faso pour les écrivains ? - Les conséquences des politiques d'Aurélie Filippetti, Martin Malvy, Gérard Miquel, François Hollande et les autres.*
Un échec social qui peut rappeler celui de mon illustre prédécesseur... qui doit néanmoins réussir à récupérer un peu plus de revenus que moi !

- *Copie privée, droit de prêt en bibliothèque : vous payez, nous ne touchons pas un centime - Quand la France organise la marginalisation des écrivains indépendants.* Ce que personne ne vous dit sur ces lois... qu'il conviendrait d'applaudir comme de grandes contribution de la gauche à la Culture.

- *Quand Martin Malvy publie un livre : questions de déontologie.* Enquête en région Midi-Pyrénées au pays de la *dépêche du Midi* et la famille Malvy... Au pays du Centre Régional des Lettres et de ses subventions.

La charte de qualité de l'auteur indépendant

Ce livre réalisé dans l'urgence peut difficilement être nickel !

Il n'est même pas besoin d'exhiber quelques textes inutiles auto-édités pour dénigrer l'auto-édition, pratique accusée de mettre sur le marché les pires médiocrités agrémentées des fautes les plus élémentaires d'orthographe ou grammaire, parfois même avec un style d'élève en difficulté du CM1.

Il s'avère néanmoins sûrement exact que les livres vraiment auto-édités dans une démarche professionnelle (mon exclusion de "l'auto-édition réelle" des auteurs qui ne respectent pas un minimum la littérature a toujours dérangé les prétendues belles âmes du secteur pour qui « tout est littérature ») contiennent en moyenne plus de fautes que les livres des éditeurs "traditionnels".
Il ne s'agit pas forcément d'une question de qualité des auteurs mais de moyens. Même le passage par les correcteurs et correctrices professionnels ne permet pas de présenter des œuvres sans erreurs, qu'avant on appelait d'imprimerie. Mais depuis que l'imprimeur reprend un document PDF pour lancer l'impression, les éditeurs qui utilisent encore cet argument semblent miser sur la méconnaissance du grand public.
Monsieur Antoine Gallimard n'a pourtant pas

de leçons de qualité à nous donner : la communauté des pirates du livre numérique s'était amusée à corriger l'ebook d'Alexi Jenni, *l'art français de la guerre*, prix Goncourt 2011. Après l'hypothèse de l'utilisation du document PDF imprimeur, mouliné par un logiciel de reconnaissance graphique pour fabriquer la version numérique, des lecteurs de la version papier ont informé le web que ces coquilles se trouvaient également dans leur épais bouquin. La faculté de corriger rapidement sur l'ensemble du circuit de distribution un ebook constitue un avantage dont la portée ne semble guère avoir été analysée. Dans cette optique, j'ai décidé de récompenser les lectrices et lecteurs qui ne se contentent pas d'une moue de déception face aux erreurs mais les communiquent, en leur offrant un livre de leur choix du catalogue, trois formats disponibles (epub, pdf, amazon). Aucun livre en papier offert ! Seule restriction, pour une question de taille des fichiers et vitesse de connexion à Internet d'un écrivain vivant à la campagne, ne pourront être envoyés que des ebooks dont la taille n'excédera pas cinq mégas, ce qui exclut les livres de photos (sauf ceux dont le PDF reste juste en dessous de la limite possible).

Naturellement, il ne vous faut pas réclamer ce livre ni envoyer les fautes constatées (réelles ! et non les choix comme mettre au pluriel un terme habituellement invariable ou reprendre une lettre d'un personnage dont les fautes d'orthographe constituent justement une caractéristique, ou même une libre violation des temps conseillés de conjugaison !) sur la plateforme d'achat mais à la page contact de www.ecrivain.pro en spécifiant le livre de votre choix, qui vous sera envoyé par mail après vérification des informations transmises.

Fautes réelles découvertes : un livre offert, l'engagement qualité de l'auto-édition.

Cette offre s'étend à l'ensemble de mon catalogue.

Stéphane Ternoise

Stéphane Ternoise est né en 1968. Il publie depuis 1991. Il est depuis le premier jour éditeur indépendant.

Quinze de ses livres sont disponibles en papier dos carré collé "tirage de masse" (2500 maximum).

La Révolution Numérique, le roman, le combat, les photos, 2013

Théâtre pour femmes, 2010

Ils ne sont pas intervenus (le livre des conséquences), roman, 2009

Théâtre peut-être complet, théâtre, 2008

Global 2006, romans, théâtre, 2007

Chansons trop éloignées des normes industrielles et autres Ternoise-non-autorisé, 2006

Théâtre de Ternoise et autres textes déterminés, 2005

La Faute à Souchon ?, roman, 2004

Amour - État du sentiment et perspectives, essai, 2003

Vive le Sud ! (Et la chanson... Et l'Amour...), théâtre, 2002

Chansons d'avant l'an 2000, 120 textes, 1999

Liberté, j'ignorais tant de Toi, roman, 1998

Assedic Blues, Bureaucrate ou Quelques centaines de francs par mois, essai, 1997

Arthur et Autres Aventures, nouvelles, 1992

Éternelle Tendresse, poésie, 1991

D'autres livres en papier :
http://www.livrepapier.com

Versant numérique...

http://www.ecrivain.pro essaye d'être complet, avec un "blog" (je préfère l'expression "une partie des chroniques"). Mais il ne peut naturellement pas copier coller l'ensemble des textes présentés ailleurs. En ebooks, mes principales publications peuvent se diviser en trois versants : romans, essais, pièces de théâtre (il existe aussi des recueils de chansons et des livres de photos de présentation du Sud-Ouest).

Comprendre le développement numérique de la littérature m'a permis d'obtenir les domaines :

http://www.romancier.net

Peut-être un roman autobiographique y est à la une. Ce sont les lectrices et lecteurs qui décident de la vie d'une œuvre. Ce roman bénéficie d'excellentes critiques, régulières... mais de ventes lentes ! Un roman sûrement plus difficile d'accès que la moyenne. Pour un lectorat exigeant. La formation d'un écrivain ? La résilience, passée par l'amour, les amours.

http://www.dramaturge.net

Mes pièces de théâtre sont désormais parfois jouées. Elles sont toutes disponibles en ebooks.

http://www.essayiste.net

Le monde de l'édition décrypté, comme dans *Écrivains, réveillez-vous ? - La loi 2012-287 du 1er mars 2012 et autres somnifères ou Le livre numérique, fils de l'auto-édition.* Mais également l'amour analysé dans une perspective stendhalienne avec création du concept de sérénamour, *Amour - état du sentiment et perspectives* et la politique nationale, ses grandes tendances, ses personnages principaux...

Les 4 meilleures ventes d'un écrivain indépendant...

Ecrivain engagé dans le numérique, militant de l'ebook, c'est sur Amazon que se concrétisent mes meilleures ventes.

Elles sont présentées page
http://www.ecrivain.pro/meilleuresventes20120712.html

1) *Peut-être un roman autobiographique*
Le cinquième roman. Porté par de très bonnes critiques... reste en ventes lentes... mais quotidiennes...

2) *Le guide de l'auto-édition numérique en France (Publier et vendre des ebooks en autopublication)*
Il s'est (logiquement) imposé comme LA référence. Malgré certains critiques

(bizarrement d'amis d'auteurs qui proposent un guide concurrent ?) je suis, quand même, le seul auteur pouvant s'appuyer sur vingt années d'expérience de l'auto-édition, de l'indépendance souhaitée.

3) *Le livre numérique, fils de l'auto-édition*
Une compréhension de la révolution du livre numérique, inscrite dans l'auto-édition historique qui n'est jamais parvenue à briser les barrières mises en place devant les médias pour que ne puissent être vues les œuvres indépendantes.

4) *Comment devenir écrivain ? Être écrivain ? (Écrire est-ce un vrai métier ? Une vocation ? Quelle formation ?...)*
Tout écrivain en herbe se doit de lire cette approche publiée fin juin 2012... Les lectrices et lecteurs qui souhaitent "comprendre" un écrivain peuvent naturellement s'y confronter ?

Catalogue numérique :

Romans : (http://www.romancier.net)
Ils ne sont pas intervenus (le livre des conséquences) également en version numérique sous le titre Peut-être un roman autobiographique
La Faute à Souchon ? également en version numérique sous le titre Le roman du show-biz et de la sagesse (Même les dolmens se brisent)
Liberté, j'ignorais tant de Toi également en version numérique sous le titre Libertés d'avant l'an 2000)

Viré, viré, viré, même viré du Rmi
Quand les familles sans toit sont entrées dans les maisons fermées
Ebook : trois romans pour le prix d'un livre de poche

Théâtre : (http://www.theatre.wf)
Théâtre peut-être complet
La baguette magique et les philosophes
Quatre ou cinq femmes attendent la star
Avant les élections présidentielles
Les secrets de maître Pierre, notaire de campagne
Deux sœurs et un contrôle fiscal
Ça magouille aux assurances
Pourquoi est-il venu ?
Amour, sud et chansons
Blaise Pascal serait webmaster
Aventures d'écrivains régionaux
Trois femmes et un amour
La fille aux 200 doudous et autres pièces de théâtre pour enfants
« Révélations » sur « les apparitions d'Astaffort » Jacques Brel / Francis Cabrel (les secrets de la grotte Mariette)
Théâtre 7 femmes 7 comédiennes - Deux pièces contemporaines
Théâtre pour femmes
Pièces de théâtre pour 8 femmes
Onze femmes et la star
Scènes de campagne, scènes du Quercy - Pièce de théâtre en onze tableaux avec six hommes et quatre femmes, distribution minimale 3H2F
Ebook pas cher : 15 pièces du théâtre contemporain
pour le prix d'un livre de poche

Photos : (http://www.france.wf)
Cahier de photographe 2012 - Les cents photos de l'année d'un utopiste indépendant
Montcuq, le village lotois
Cahors, des pierres et des hommes. Photos et commentaires
Limogne-en-Quercy Calvignac la route des dolmens et gariottes
Saint-Cirq-Lapopie, le plus beau village de France ?
Saillac village du Lot
Limogne-en-Quercy cinq monuments historiques cinq dolmens
Beauregard, Dolmens Gariottes Château de Marsa et autres merveilles lotoises
Villeneuve-sur-Lot, des monuments historiques, un salon du livre... -Photos, histoires et opinions
Henri Martin du musée Henri-Martin de Cahors - Avec visite de Labastide-du-Vert et Saint-Cirq-Lapopie sur les traces du peintre
L'église romane de Rouillac à Montcuq et sa voisine oubliée, à découvrir - Les fresques de Rouillac, Touffailles et Saint-Félix
Golfech, c'est beau un village prospère à l'ombre d'une centrale nucléaire - Visite au pays de Jean-Michel Baylet et Sylvia Pinel

Livres d'artiste (http://www.quercy.pro)
Quercy : l'harmonie du hasard - Livre d'artiste 100% numérique
Les pommes de décembre - Livre d'art du sud-ouest

Essais : (http://www.essayiste.net)
Le manifeste de l'auto-édition - Manifeste politico-littéraire pour la reconnaissance des écrivains

indépendants et une saine concurrence entre les différentes formes d'édition
Écrivains, réveillez-vous ? - La loi 2012-287 du 1er mars 2012 et autres somnifères
Contrairement à Gérard Depardieu, dois-je quitter la France ? Exil littéraire au Burkina Faso pour les écrivains ? - Les conséquences des politiques d'Aurélie Filippetti, Martin Malvy, Gérard Miquel, François Hollande et les autres
Le livre numérique, fils de l'auto-édition
Aurélie Filippetti, Antoine Gallimard et les subventions contre l'auto-édition - Les coulisses de l'édition française révélées aux lectrices, lecteurs et jeunes écrivains
Le guide de l'auto-édition numérique en France
 (Publier et vendre des ebooks en autopublication)
Réponses à monsieur Frédéric Beigbeder au sujet du Livre Numérique (Écrivains= moutons tondus ?)
Comment devenir écrivain ? Être écrivain ?
(Écrire est-ce un vrai métier ? Une vocation ? Quelle formation ?...)
Copie privée, droit de prêt en bibliothèque : vous payez, nous ne touchons pas un centime - Quand la France organise la marginalisation des écrivains indépendants
Ebook de l'Amour
Amour - état du sentiment et perspectives

Chansons : (http://www.parolier.info)
Chansons trop éloignées des normes industrielles
Chansons vertes et autres textes engagés
68 chansons d'Amour - Textes de chansons
Chansons d'avant l'an 2000
Parodies de chansons

En chti : (http://www.chti.es)
Canchons et cafougnettes (Ternoise chti)
Elle tiote aux deux chints doudous (théâtre)

Politique : (http://www.commentaire.info)
Ya basta Aurélie Filippetti ! - Ça suffit Aurélie Filippetti Ministre de la Culture en contrat avec un éditeur traditionnel
Quand Martin Malvy publie un livre : questions de déontologie
Ce François Hollande qui peut encore gagner le 6 mai 2012 ne le mérite pas (Un Parti Socialiste non réformé au pays du quinquennat déplorable de Nicolas Sarkozy)
Nicolas Sarkozy : sketchs et Parodies de chansons
Bernadette et Jacques Chirac vus du Lot - Chansons théâtre textes lotois
Affaire Ségolène Royal - Olivier Falorni Ce qu'il faut en retenir pour l'Histoire - Un écrivain engagé, un observateur indépendant
François Fillon, persuadé qu'il aurait battu François Hollande en 2012, qu'il le battra en 2017 (?)

Notre vie (http://www.morts.info)
La trahison des morts : les concessions à perpétuité discrètement récupérées - Cahors, à l'ombre des remparts médiévaux, les vieux morts doivent laisser la place aux jeunes...
Cahors : Adèle et Marie Borie contre Jean-Marc Vayssouze-Faure - Appel à une mobilisation locale et nationale pour sauver les soeurs Borie...

Jeux de société
(http://www.lejeudespistescyclables.com)
La France des pistes cyclables - Fabriquer un jeu de société pour enfants de 8 à 108 ans

Autres :
La disparition du père Noël et autres contes
J'écris aussi des sketchs
Vive les poules municipales... et les poulets municipaux - Réduire le volume des déchets alimentaires et manger des oeufs de qualité

Œuvres traduites :

La fille aux 200 doudous :
- *The Teddy (Bear) Whisperer* (Kate-Marie Glover)
- *Das Mädchen mit den 200 Schmusetieren* (Jeanne Meurtin)

- Le lion l'autruche et le renard :
- *How the fox got his cunning* (Kate-Marie Glover)

- Mertilou prépare l'été :
- *The Blackbird's Secret* (Kate-Marie Glover)

- *La fille aux 200 doudous et autres pièces de théâtre pour enfants (les 6 pièces)*
- *La niña de los 200 peluches y otras obras de teatro para niños* (María del Carmen Pulido Cortijo)

Catalogue complet des ebooks de Stéphane Ternoise sur http://www.ecrivain.in ou sur les plateformes qui le distribuent.

Table

7	Présentation
9	Une présentation de Jack-Alain Léger
17	Les droits numériques des livres...
19	Jack-Alain Léger sur Relire
26	Tellement d'écrivains passent à côté du numérique...
27	Devenir Conseil aux écrivains ?
28	La loi 2012-287 du 1er mars 2012
36	Une réécriture officielle !
38	Pourquoi des livres ne sont plus disponibles en papier ?
40	Pourquoi ces 500 000 œuvres... alors qu'il en existe bien plus d'indisponibles ?
42	Le contrat d'édition (papier)
45	La fausse excuse : contrer le projet Google Books
48	Notions opt-in et opt-out
50	Le contrat d'édition en 2013
58	Les contrats d'édition sans clause numérique
63	Notion d'œuvre « indisponible »
64	Un accord gauche droite sur le sujet... pour une loi rapidement adoptée...
66	Aberration, sophisme...
70	Analyse du texte article par article

97	Est-ce qu'un jour des auteurs toucheront de l'argent... ?
99	La qualité de la numérisation ?
100	Quelque chose de l'accord Hachette Livre - Google...
103	L'absence du pilon dans ce dossier...
110	Comment éditer un livre numérique sans éditeur classique ?
111	Une loi illégale ?
112	De l'édition sans risque financier offerte aux éditeurs installés
113	Ce qu'il faut lire
115	La charte de qualité de l'auteur indépendant
118	Auteur

Mentions légales

Tous droits de traduction, de reproduction, d'utilisation, d'interprétation et d'adaptation réservés pour tous pays, pour toutes planètes, pour tous univers.

Site officiel : http://www.ecrivain.pro

Ebooks distribués sur la quasi totalité des plateformes numériques.

Une offre spéciale avec les cinq romans :
http://www.9euros99.net

Présentation des livres essentiels :
http://www.utopie.pro

Dépôt légal à la publication au format ebook du 13 avril 2013.

Imprimé par CreateSpace, An Amazon.com Company pour le compte de l'auteur-éditeur indépendant.
livrepapier.com

ISBN 978-2-36541-466-1
EAN 9782365414661
Alertez Jack-Alain Léger ! de Stéphane Ternoise
© Jean-Luc PETIT - BP 17 - 46800 Montcuq - France

www.ingramcontent.com/pod-product-compliance
Lightning Source LLC
Chambersburg PA
CBHW071129090426
42736CB00012B/2065